张祥斌◎编著

职场中

与上级沟通的

艺术

经济管理出版社
ECONOMY & MANAGEMENT PUBLISHING HOUSE

图书在版编目（CIP）数据

职场中与上级沟通的艺术/张祥斌编著. —北京：经济管理出版社，2012.1

ISBN 978-7-5096-1761-8

Ⅰ. ①职… Ⅱ. ①张… Ⅲ. ①人际关系学—通俗读物 Ⅳ. ①C912.1-49

中国版本图书馆 CIP 数据核字（2011）第 277102 号

出版发行：经济管理出版社

北京市海淀区北蜂窝 8 号中雅大厦 11 层

电话：(010)51915602　　　　邮编：100038

印刷：北京晨旭印刷厂　　　　　　经销：新华书店

组稿编辑：宋　娜　　　　　　责任编辑：宋　娜　郭　华
责任印制：黄　铄　　　　　　责任校对：超　凡

720mm×1000mm/16　　　　　　13.5 印张　　213 千字
2012 年 1 月第 1 版　　　　　　2012 年 1 月第 1 次印刷

定价：28.00 元

书号：ISBN 978-7-5096-1761-8

前 言
——— PREFACE

　　与上级沟通，是一门高明的人际交往艺术。为什么总是有人抱怨自己得不到上级的信任？怎样做才能与上级建立更牢固的合作共赢关系？面对能直接左右我们职场命运的上级，我们都希望与上级搞好关系，期盼得到上级的赏识和器重，以便成就一番事业。然而，很多人在与上级沟通的过程中不讲究艺术，而是按个人喜好简单地处理与上级的人际关系，导致同上级的关系疏远，甚至因关系不融洽而特别苦恼。

　　职场中与上级的人际关系可以说是重中之重，作为下属，即使有"过五关斩六将"的本事，如果得不到上级的重视，也是英雄无用武之地。职场有句戏言"上级总是对的"，这句话在某种程度上揭示了与上级相处的奥秘。这并非说上级的任何决定都是正确的，而是要我们注意与上级相处时的语言、行为以及沟通的方式。

　　如果我们能与上级进行有效的沟通，掌握与上级沟通的艺术，我们就能应对自如，化解不利局面，并最终到达事业成功的彼岸。

这对我们的身心健康、事业的前景都会有极大的帮助。对处在事业上升期的我们来说，一个欣赏我们的上级会坚定地帮助我们一步步地成长，为我们的职场腾飞提供广阔的空间。

本书以职场中"向上沟通"为切入点，重点阐述了工作中与上级沟通时应注意的事项和实用的技巧，全面揭示了上级与下属在心理、行为上的相互影响，并对上级与下属互惠互利、合作共赢关系的形成进行了理性而又深入的探讨。书中总结了当前职场中的潜规则，即下属如何了解上级的意图和心理状态、怎样圆满完成上级交代的工作、怎样巧妙处理围绕上级出现的各种矛盾、怎样展现工作中与上级沟通的艺术、怎样注意工作中与上级交往的细节等。

本书的内容广泛，把人际关系学、行为学、心理学、职场潜规则等和领导学结合在一起，吸纳了职业发展心理学的研究成果，从心理层面指明了我们应该怎样行动、怎样沟通，以及保持怎样的职业心理状态，才可能赢得上级的心理认同。本书既是一本详尽的职场沟通读本，也是一本实用的职场为人处世指南，不仅适用于有志向的职场人士，同时也可作为上级管理下属、提升自身领导力的管理手册。

掌握与上级沟通的艺术，掌握职场潜规则，是我们职场提升的关键，也让我们的职场道路走得更加顺利！

目 录
CONTENTS

~ 熟悉职场 ~

做好上级交代的工作

职场生存法则

熟悉职场

当经历了找工作的忙碌与苦涩、选择工作的踌躇与不安、离别同窗好友的欷歔，我们终于踏入了暗流湍急的职场，但工作远比我们想象中复杂得多，原来以为只要抱着"不抛弃、不放弃"的顽强精神，勤勤恳恳工作就会有好结果，但是职场中显然并不都是这样。

职场的经历可以用"酸甜苦辣"来形容，短短几个月或者几年的时间，职场就能让一个风华正茂、意气风发的年轻人磨平棱角，放低身段，逐渐懂得为人处世的道理。职场中时常会遇到上级的严厉训斥、批评、惩罚，甚至"穿小鞋"。许多年轻人都在"上级"这一关惨遭淘汰。看来要很好地融入职场并不是易事，还有很多职场"大道理"等着我们去理解、去揣摩。

我们都期望成就一番事业，这对于逐渐肩负起家庭和社会责任的年轻人已经刻不容缓。现在的职场更是理想与现实的博弈，有血有泪，有苦有乐，有收获有失败……我们渐渐发现，我们的职场命运和上级紧紧地联系在了一起。一个人即使才华横溢，如果得不到上级的重视，也是英雄无用武之地。

我们要掌握同上级相处的艺术，不能单纯地以为只要工作好就一切都会好。与上级相处是没有后悔药可吃的，一步走错，就可能从此成为"局外人"。因此，了解与上级相处的艺术，实在是有必要的事情。

与上级相处融洽与否，不仅直接影响着个人职场收入的高低，影响着个人职场发展的前景，而且影响着个人职场目标的实现。所以，艺术地处理与上级的关系在职场生涯中显得十分重要。

当今职场工作的特点

做不完的工作

现在的职场工作很大程度上已经变得没有时间界限，人们总是感觉有做不完的工作。工作的时候绷紧一根弦，休息的时候还会有人打来电话，探讨工作中的事情；或者是上级临时安排下来的工作，比如紧急出差、晚上跟随上级出去应酬等。以至于许多人一听到电话铃声就心里紧张，心想肯定又是工作上的"催命"电话。这让人揪心的电话铃声隔几天就得换个新的，铃声不能太熟悉，否则心脏真的受不了。

加班对许多人来说已经成为一种习惯、一种自然，事实上很多人每天都在加班，而且是无偿加班。"自愿加班"已经成了职场人的家常便饭，对于上班族来说，加班没有理由，不加班就极有可能"走人"。个人的休息时间被占用，还不能偷奸耍滑，因为上级的目光和身影无处不在。

据《环球时报》报道，随着经济的不断发展，中国人的工作时间越来越长，中国已成为全球工作时间最长的国家之一。人均劳动时间已经超过以"工作狂"闻名的日本和韩国。从调查结果来看，80%以上的企业、公司存在多数员工或部分员工经常加班的现象，其中43.08%的调查单位由于工作压力大、任务多，全体员工常常要加班；40.51%的调查对象存在部分员工常加班的现象。相对来说，事业单位和机关人员就幸运得多了，加班现象远远低于企业单位员工。

工作量大而且累，但是人们心里还是踏实的，至少有工作可做，至少还是职场里有点儿价值的人。这是一种可以让自己感到充实的途径，也是一种自我安慰！如果哪一天无事可做了，这才叫可怕，因为无事可做的背后意味着什么大家都清楚。换句战场上的话来讲就是"大战前的寂静最可怕"，接下来上级的"送客"行为极有可能摧垮一个职场人的自尊心和自信心。

我们每天都被无休止的工作催赶着，像一个个拧紧发条的时钟，走个不停。如今的职场人，推动了国家经济的市场化进程，但却在市场化的加速度里无法享受工作的快乐。在这个华丽的时代里，随处可见身心疲惫、未老先衰的年轻人。

一些人职业规划的蓝图还没有展开就已经破损，似乎每天的工作只是为了维持生活的运转。人们不再考虑自己的工作对社会到底有怎样的用处，不再为工作中的细微进步和受人肯定而欢欣鼓舞，工作效率在下降、激情在消失、创意不断枯竭，身心像一团败絮，在高速运转的跑步机上只能拖着疲沓且沉重的步子挪动。

职场调查表明，42.36%的人感觉工作特别累，工作量特别大，工作压力特别大；38.6%的人想更换自己的工作。沉重的工作压力导致人们对工作失去冲劲和动力，在工作中有挫折感、紧张感，甚至出现害怕工作的情况。许多被调查者对工作不像刚参加工作时那样热心和投入，总是很被动地完成自己分内的工作，有时还会出现不在乎工作质量、工作价值与工作意义的现象。

当今的职场工作，一些人没有过多的选择，只能被动地接受无休止的工作。

受不尽的委屈

职场流传着一句抱怨的话——"薪水太少、工作太多、上级的指责和批评太多"，这些抱怨反映了一种无奈。作为一个下属，做得最多的就是辅助性工作，而恰恰是这种多如牛毛的辅助性工作，在积少成多之后最容易被抢功、被忘记，但是做得不好就只有当"炮灰"的窘境。工作量最大、最辛苦的人，到了涨工资、拿奖金的时候只能既羡慕又憋闷地看着别人扬扬得意。

记得在徐静蕾主演的电影《杜拉拉升职记》中，她也遇到了类似的问题。比如："杜拉拉陷入了沉思，在 DB 公司自己和销售总监王伟的差别到底在哪里？王伟活得神气活现，自己却干得多、拿得少，还要做受气包。在经过了一系列的观察和自我反省之后，杜拉拉明白了自己的问题，就是因为和顶头上级李斯特沟通不够，遇到事情都是自己默默干了，所以上级根本没有意识到发生过多少问题，有多少工作量？难度有多大？"从杜拉拉的疑问中，我们发觉了什么？上级的重要性，所以我们在今后的工作中千万别忽略和直接上级的沟通。

多请示、多汇报

在一项工作开始之前，和上级一起商量出执行的步骤，请上级帮忙看一下即将开始的各个环节有没有什么问题，是否存在隐患。这一步，要充分地让上级知道我们准备怎么做，特别是一些比较难做或者可能发生问题的环节，都要提出问题，以及自己的解决方案，看上级是否有更好的办法帮助我们渡过小的难关。

主动反馈工作进展

把每一阶段的主要工作任务和安排都条理清楚地告知上级。每次在大一点儿的项目实施过程中，在重要的阶段主动给上级一些反馈信息，就算过程再顺利也要让上级知道进程如何，并把这当中的大事摘要给他。

主动提供解决方案

遇到问题自己先想出两个以上的解决办法，然后带着自己的解决方案去找上级沟通。每次尽量挑一个上级比较清醒而不烦躁的时候，单独地只讨论某一方面的一个大的困难，让他了解困难的背景。等他听完，再告诉他我们有两个方案，分析优劣给他听，他会很容易在两个中挑一个出来。这样他对我们工作中的困难程度、出现的频率、专业素养以及积极主动解决问题的态度和技巧就有了比较深刻的认识。

积极自查，避免失误

在项目结束之后，主动和上级沟通，检查每项工作流程之间是否还有问题。不要等上级发现了问题，气势汹汹地来找你。当有问题发生的时候，态度最重要，有了一个好态度，问题总会解决的，而且每一个上级都会护着自己下属的。怕就怕死不认账，最后搞得上级勃然大怒，自己也收不了场，上级也懒得维护这样的下属了。

◈ 静心、淡定

无论发生什么事情，一定要提醒自己，为工作生气不值得，气坏了身体受伤害的是自己，身体是革命的本钱。

总之，遇到事情要保持乐观的态度，不必斤斤计较一时的得失，有句话说得好，"不经历风雨，怎能见彩虹"，多一些磨炼也不是坏事！

职场竞争白热化

当今社会职场竞争过于激烈，每个人的身后随时都可能有几位替补队员，稍有不慎就会被无情地淘汰。每次单位招聘，都能被求职者"踢破"门槛。招聘会上到处都可以看到人头攒动的"生力军"，人们个个衣着光鲜，神情激动，为了求得一职，都极力地向用工单位推荐着自己，甚至有些人对待遇的要求很低，只为能得到一个锻炼的机会。

曾经有人进行过一项调查：如果将现有部门中没有价值的员工裁掉，那么将会裁掉多少人？结果显示，裁员比例占员工总数的60%~90%！如果该数据是真实的，我们就必须面对这样一个事实：职场无情，没有人不可替代，每个人随时都有被淘汰的可能！

职场竞争中没有任何包容，特别是职场新手，他们将面临更加严酷的竞争考验，这与战场上的短兵相接极其相似。这种比喻一点儿也不夸张，因为赢得竞争，就预示着将得到更多的机会和权利。如果才能和运气都占据了，接下来就会平步青云，实现成功。

电视剧《亮剑》中有句台词："狭路相逢勇者胜。"职场竞争时，就要有这种压倒一切的气魄，应该做到以下几方面：

◈ 正视欲望

大家都想成为竞争的胜利者，不必鄙视那些为了赢得胜利而使用手段（不包括不正当手段）的人。也不要压抑自己渴求成功的欲望，这样你会迷失在自己制造的道德伦理大战中，从而失去方向。

▶ 抛弃恐惧感

很多人在参与竞争时，总是一面刻苦努力，一面却始终心存恐惧，怕有人与自己争夺，更害怕失败，所以整天拼命地工作，精神高度紧张，最终身心疲惫。

▶ 隐藏自己

要知道，喜欢出风头的人一向是危险的，很容易成为众矢之的，所以参与竞争时就要隐藏自己的锋芒。另外，更要隐藏自己的弱点，因为身处利益纠葛的职场，根本不可能会有真心的朋友，那些想要和我们"推心置腹"的同事往往最居心叵测。

▶ 时刻警觉上级的意图

很多人升职加薪是通过努力或是水到渠成得来的，但有的时候，升职也是陷阱，未必是上级想让我们"牺牲"，但可能会沦为上级权衡利弊的牺牲品，想要摆脱被主宰的棋子似的命运，就一定要时刻警觉。

竞争胜利时，我们要记住以下两点：一是居安思危。因为成功时，周围会有人嫉妒，会有人破坏，更会有人想要将你取而代之，你随时可能声名狼藉，万劫不复。二是保持理性。工作只是生活的一部分，要努力，不然生活会空洞，没有意义。我们可以追求成功，但是要记住，这些都是为了使生活变得更有意义，而不是以付出生活的快乐为代价。

人们常说，人在职场有"中年危机"，其实未到中年，大部分职场人士就已经开始了历时更长、压力更大的心理危机，我们可以称为"中途职场危机"，也就是能否保住自己职位的危机。职场之中，新人替换旧人也是很常见的现象，这种新老更替给每一位职场人士带来了巨大的职业危机。职场新人一边向老员工请教经验，一边将其视为"拦路虎"，暗中使劲儿一心要超过他们，这种气势汹汹、兵临城下的气魄，往往让老员工们如坐针毡，备感威胁。

近年来，就业压力持续增大，我们要懂得自己的工作来之不易，要珍惜自己这份职业，尽职尽责地工作；要怀着巨大的信心与动力，要有干一番事业的气势；要给上级留下想法新、干劲足、年富力强、才华横溢的良好形象；要有虚怀若谷的进取精神和努力学习的精神，紧紧追随上级的步伐；不要取笑上级不如我们，更不要和上级三心二意，任何一个上级都不希望有一个不听话、有鬼心思的下属。

想赢得职场胜利就要从各方面提升自己的核心竞争力，专业能力只是职场竞争力的一部分，除了专业技能之外，成功还需要很多条件的配合，这些条件就是我们的核心竞争力。不同的职业阶段，需要不同的竞争力。在事业的起步期，核心竞争力在于专业技术和干劲；在事业的起飞期，核心竞争力是管理能力和人际关系；在事业的高峰期，核心竞争力则是策略规划与资源整合能力。聪明的我们应该建立一张竞争力清单，随时做好自我盘点，一方面弥补自己的弱项，另一方面将强项发挥到极致。

身心疲惫被掏空

当今职场中，越来越多的人面临着一种被"掏空"的危机，无论健康、精力、热情、知识、业务技能都被快速消耗着，一种竭泽而渔的感觉充斥心中。人们总觉得自己越来越追不上形势的发展，越来越跟不上社会的进步。

一项社会调查显示，在参与调查的目标人群中，有57%的人表示在工作中只能重复以往的经验，不能学到新鲜的东西；23%的人表示能够学到一些东西，但不是工作本身所带来的新知识，而是自己为提高竞争力主动增加的技能；余下20%的人表示能够学到新的知识，这部分人中80%以上都是初入职场的年轻人，他们的职业生涯几乎是张白纸。

在参与调查的内容中，43%的人表示工作没乐趣；61%的人表示工作单一重复，对其他的工作岗位接触很少；49%的人表示工作没有创新，很单调，跟不上行业日新月异的变化。

在职场工作的人总是有一种后顾之忧，明显感觉到自己的能力和思考在衰减，总担心有一天自己无法再胜任目前的工作。有这种感觉的人并不少，而且大家现在的情绪普遍焦躁，这就是"职场掏空"症状中的一种典型特征。其具体表现如下：

▶ 特征 1：生理耗竭

这是工作枯竭的临床维度。人会感觉身体的能量有一种耗竭感，极度疲劳和虚弱，身体对疾病的抵抗力也在下降，可能会出现一些身心不适的症状，比如说头疼、背疼、手部不适、肠胃不适、失眠等。

▶ 特征 2：才智枯竭

这是工作枯竭的认知维度。它主要表现在：人会常常感到空虚，会觉得自己的知识和经验已经没有办法满足工作的需要了，思维效率下降，注意力不集中，开始出现记忆力减退的现象，不能很好地适应社会的知识更新。

▶ 特征 3：情绪衰竭

这是工作枯竭的压力维度，也是职业枯竭的一个主要特征。这是工作热情完全消失后在情绪上的一些表现，比如烦躁、很容易发脾气、很容易迁怒于他人等，人们会表现出一种悲观、沮丧、抑郁、无助、无望、很消沉的特点。情感的资源就像干枯了一样，没办法去关怀别人。

▶ 特征 4：价值衰落

它是工作枯竭的评价维度。它主要表现在个人的成就感下降，觉得做任何工作都没有成就感，对自己所从事的工作意义和评价也在下降，工作变得机械化、效率低、易出错，会产生不能胜任工作的感觉，从而消极怠工，甚至出现离职或者转行等倾向。

▶ 特征 5：去人性化

它是工作枯竭的人际维度，会直接影响到人际交往的质量。这种去人性化会使一个人以消极、否定的态度和冷漠的情感对待周围的人，并且会表现出对别人不信任、多疑，充满批判性。

▶ 特征 6：攻击行为

这是工作枯竭的行为维度。攻击行为一般来说有两个方向：一个方向是

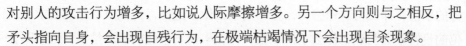

对别人的攻击行为增多，比如说人际摩擦增多。另一个方向则与之相反，把矛头指向自身，会出现自残行为，在极端枯竭情况下会出现自杀现象。

我们应该积极地面对当今职场的这些特点，从自身出发，走适合个人发展的良性道路，不抱怨，不妥协，也不对抗，要用积极有效的行动拓展更广阔的空间。

工作是什么

工作要求与职业定位

在职场中打拼，首先要明确自己的工作要求的是什么，是否适合自己，个人能力和知识能否满足这些要求。这就需要看看自己的职业定位是否明确。每个人的职业定位都表现了自我定位和社会定位的统一，只有在了解自己和岗位的基础上才给自己做准确的定位。

下面来了解一下职业定位的几个方面：

● 欲望——在此人生阶段，需要什么？

● 能力——擅长什么（一般技术以及特别技术）？

● 性格特质——是什么类型的人？在何种情况下有最佳表现？

● 资产——有什么比别人占优势的地方？

每个人都需要职业定位，其目的是给自己找到合适的工作，保证持续地发展，更完善地适应工作的要求。实践证明，有职业定位作为工作指引的人，都有明确的努力方向，因而在工作的方方面面表现都是积极的、突出的。其无论是在工作态度、面对困难的钻研、拼搏精神方面，还是在承受压力的意志、人际关系的处理等方面，都表现得更积极，与没有目标的人完全不一样。

有职业定位的人，在生活中也会有更积极的心态，能够主动从生活中汲取工作的动力和可利用的资源。有了职业定位，人们在工作中就有了价值判断的标尺，对符合目标的事情，即使有困难也要克服困难去完成；不符合目标的事情，即使再有诱惑力，也一定不去做。这样，人们对工作的要求和岗位的设置就很明确，什么事情该做，什么事情不该做就很清楚了，做事不会患得患失。

例如，许多人感叹工作迷惘，做什么事情都提不起兴趣，不知道该怎么办，在工作上马马虎虎。这些现象，都是没有职业定位，不热爱本职工作的具体表现。职业目标明确的人则不会沉迷在消极的情绪与事件中无法自拔。

所以，在职场中，首先要了解自己的工作要求，看工作的要求与个人的职业定位是否一致。有目标的工作和没有目标的工作是有本质区别的，职场成功，职业定位是重要的灯塔与标尺，是成功的第一要素。

只有在工作要求和个人职业定位基本一致的情况下，人们才能对工作要求和岗位进行合理的分析，从而正确地了解其具体的要求。

工作的核心内容

工作的核心内容是什么？是依靠技术取胜，还是依靠知识取胜；是依靠人际关系取胜，还是依靠政绩取胜；是依靠服务于别人取胜，还是依靠服从命令听指挥取胜；等等。即使在同一个工作岗位，不同的人也会采用不同的取胜之道。一个最简单的例子：同样一个岗位，有埋头苦干获得上级褒奖的，也有单单靠与领导保持和谐的人际关系取胜的。我们首要的任务是吃透工作的核心内容，围绕这个核心开展工作。

如果是依靠技术取胜的工作，那么上级看重的是我们的技术，对我们人际关系处理方面的不足会理解和包容。如果工作要求我们注重服从命令听指挥，那么随意发挥主观能动性反而是坏事。如果工作的核心内容是依靠政绩取胜，那么就要在工作中多有建树，多多创新，取得更好的工作业绩。

如果工作要求我们大事小情必须汇报请示，那么工作中我们就要争取积极向上级反映工作情况，上级会认为我们主动、诚实，即使工作失误，大不了批评一顿，同时他们也会为我们指明以后的工作方向。

不研究自己工作的核心内容，就是盲人骑瞎马，误打误撞，怎么能有好的收获？只顾埋头工作，不看看自己是否已经离开了自己工作的核心内容，这样的辛苦付出，即使再多，上级也不会看在眼中。同时，在工作的过程中，我们要分析上级扮演什么样的角色，是宏观领导者，还是直接参与者？是身临一线，还是遥控指挥？是专家身份，还是菜鸟身份？这些问题都要做到心中有数，以便对症下药。

工作的核心内容必须研究，取胜策略也要及时调整，不管哪一种方法，适合自己的就是最恰当的，坚持按照自己设定的道路走下去。同时，我们对上级的言行举止要仔细揣摩，分析原因和应对措施，使这些有效地配合自己工作的核心内容。

工作的具体方法

方法比什么都重要，很多人并不缺乏机会和才华，但却因错误的工作方法而与成功失之交臂。事实上，同样一种方法，并不是对所有人都能收到立竿见影、起死回生的效果。因此，千万别忙着效仿。要知道，效仿别人，汲取别人的经验固然重要，但效仿别人，就会始终无法开创属于自己的一片新天地。唯有肯定自己、扮演自己，找到属于自己的方式方法，才能将自己的特色和优势发挥得淋漓尽致，也只有这样才能在事业上有所收获。

每一个人都是独一无二的，我们成功的方式同样别人也无法复制。对于同样的环境、同样的机遇，不同的人会有不同的处理方式，其效果也会大不一样。想一想，为什么苹果砸在牛顿头上，他会因此而发现万有引力定律，而我们却只是把它吃掉了呢？

因此，在工作中，不要先急着去问别人是怎么做的，而应该问问自己，我要怎么做，我能怎么做。方法一定会有很多，最关键的就是主动开动脑筋，认真研究我们的工作岗位和工作环境。作为下属应该主动熟悉工作中的一切。这主要包括工作目标、使命、组织结构、工作方式、工作作风……主动使自己像主人翁一样了解工作要求，这样在今后的工作中采取的行动会更准确，效果会更出色。只有业务精湛，才能使自己在工作中具备攻城拔寨的方法，才有在这个岗位上存在的价值。

分内的工作要按时完成，懒惰会从思想上导致缺乏工作积极性而降低工作效率。工作时不要闲下来，主动找点儿新知识、新动向研究一下，要在不断的学习中提高自己的工作能力。

优秀的职场人每当完成一项工作时，总会问自己是否所有的目标都已达到？有什么项目需要加上去？还需要向优秀的上级学习什么？怎样向上级汇报自己的工作成绩？怎样使自己的工作能力得到扩大和充实？总之，在任何闲暇的时候主动思考，就能争取到更多的机会，不断提高自己的经验和能力。

工作的汇报对象

有些职场人往往分不清自己工作的汇报对象是哪一位，总把官职最高的领导或者老板当做汇报和负责的对象，从而忽略了他身边的直接上级。一般来说，任何一个上级都比较看重两样东西：一是他的上级是否信任他；二是他的下属是否尊重他。作为上级来说，判断其下属是否尊重他的一个很重要的因素，就是下属是否经常向他请示汇报工作。心胸宽广的上级对下属懒于或忽视向其汇报工作也许不太计较；但对于心胸狭窄的上级来说，如果出现这种情况，他就会做出各种猜测：是不是这些下属看不起我？是不是这些下属不买我的账？是不是这些下属企图联合起来架空我？一旦这种猜测成了他的某种认定，他就会利用手中的权力来"捍卫"自己的尊严，从而做出对下属不利的举动来。

如果问大家这样一个问题：我们为谁工作？我们应该对谁负责？我相信大家的回答会有许多结果，不管众人的回答怎样，我想说明的是，最好的回答是"我为上级工作、我为家人负责"。如果回答"为企业、为机关、为老板工作；对企业、对机关、对老板负责"，试问大家所做的一切工作被这些机构和这些人知晓吗？也许从大家踏进这个机构开始到离去，他们都不知道我们每天做了什么？我们创造的价值是多少？甚至都不知道有我们这么一个人存在！

因此，工作中不要幻想着一步登天，要脚踏实地，先明确自己的工作内容由谁决定，工作的结果由谁考核？懂得了这一点，工作的汇报对象自然就十分明确了，这样一想，所有的问题都会迎刃而解。那就是与我们朝夕相处的直接上级！

直接上级安排我们的岗位、指定我们的工作内容、考核我们的工作成绩，全方位培养、锻炼我们，让我们人尽其用，并且给我们搭建更好的学习和发展平台，供我们飞得更高！我们的进步和不足直接上级看得最清楚，他们在我们涨工资、发奖金、提升问题上最有发言权，所以为直接上级工作才更具现实意义！

完成直接上级的工作要求是实现职业稳定和发展自己职业前途的前提和保障，完不成直接上级的要求就会失去上级的信任，连带着工作和发展的机会都将失去。所以，在职场打拼，一定要懂得直接上级的重要性。古语"成也萧何，败也萧何"，这句话可以拿来比喻我们的直接上级，我们的职场命运就攥在他们的手里！

因此，在职场里我们要为上级工作，因为他们决定我们个人的去留和发展；我们要对父母负责，因为他们将我们养大成人！

——— 职场（工作）对你的要求 ———

团队精神

"团队精神"是上级在团队管理中经常提到的关键词。如果没有正确的团队精神，下属就没有良好的从业心态和奉献精神，就不会有健康的管理文化。

在寒冷的南极，企鹅为了抵御低温，都会紧紧围成一起，共抗严寒。当外围的企鹅体力不支的时候，就退到里面去，里面的企鹅走出来站在外围。它们迅速地变换位置，齐心协力，抵御寒冷。大雁组成"人"字形的飞行团队，当领头雁飞累了的时候，就会退下来，另一只到前面的领飞位置。据统计，大雁这样飞行，能够比它们单独飞行节省15%的体力。

团队精神的形成并不要求团队成员牺牲自我，相反，反而鼓励下属挥洒个性、展现特长，共同完成任务。团队精神成为了每一个上级构建个性管理文化的一部分，他们通过合适的方式将每个人安排至合适的岗位，充分发挥集体的力量。

上级为工作结果负全责。因此，上级最希望的就是下属有大局意识、协作精神和服务精神。团队精神的基础是尊重个人的兴趣和成就，核心是协同合作，最高境界是全体成员与上级之间的向心力、凝聚力。

上级把下属凝聚在一起，不仅强调个人的劳动成果，更强调团队的整体业绩和团队精神。团队精神在上级的眼中有着以下几项不可替代的作用：

▶ 目标导向功能

拥有和重视团队精神，可以使下属齐心协力，拧成一股绳，与上级一起朝着一个目标努力。对单个下属来说，团队要达到的目标也就是自己要努力的方向，团队整体的目标顺势分解成各个小目标，在每个下属身上得到落实。如果一个没有团队精神、只讲个人利益的下属出现在队伍中，极有可能造成"一粒老鼠屎坏了一锅汤"的现象。

▶ 凝聚功能

任何机构或部门都需要一种凝聚力，传统的管理方法是通过组织系统自上而下的行政指令来实现目的，淡化了个人的感情和社会心理等方面的需求。而团队精神则是上级通过对群体意识的培养，对下属在长期实践中形成的习惯、信仰、动机、兴趣等文化心理的了解，引导下属产生共同的使命感、归属感和认同感，反过来逐渐强化团队精神，产生一种强大的凝聚力。

▶ 激励功能

团队精神要靠下属自觉地要求进步，力争与团队中最优秀的人看齐。上级通过下属之间正常的竞争实现对其激励的功能，而且这种激励不单纯停留在物质奖励上，还能得到团队的精神认可，获得团队中其他员工的尊敬。

▶ 控制功能

下属的个体行为需要控制，群体行为也需要协调。上级通过团队精神所产生的控制功能，在团队内部会形成一种观念的力量、氛围的影响，去约束、规范、控制下属的个体行为。这种控制不是自上而下的硬性强制力量，而是由硬性控制向柔性控制转变。由控制下属的行为，转向控制下属的意识；由控制下属的短期行为，转向对其价值观和长期目标的控制。因此，这种控制更为持久、有意义，而且容易深入人心。

团队内部总是充斥着各种复杂因素，这就导致了许多团队不能充分发挥他们的力量。上级对一个团队有效的控制不是自然形成的，而是通过各种手段和技巧才把团队成员团结在一起的。很多上级明白在管理团队过程中，必须有效地让团队成员分担必要的责任，从团队中的个体到团队本身，这样的团队才会更有战斗力，从而取得最有效的团队业绩。

敬业精神

敬业精神是上级需要下属持有的一种态度和行为。根据盖洛普公布的最新数据，中国的经济增长速度虽然远高于其他国家，但是员工的敬业水平则低于其他国家。中国的敬业度指数为 0.5，也就是说，敬业员工和怠工员工的比例是 1：2，远低于美国的 1.5：1，甚至还不如同属于发展中国家的巴西和泰国。

日本人是全世界公认的最敬业的民族，日本人的工作精神在世界各地都受到过人们的赞扬。从某种方面说，正是日本人的这种敬业精神，成就了日本第二次世界大战后经济的腾飞。而素以勤劳著称的中国人在工作中常有不佳的表现，有的人在上级在的时候卖力表现，上级不在的时候偷奸耍滑。有人指出，21 世纪中国人最缺的就是敬业精神。国内的一些制假售假、制造有毒有害食品等问题，主要原因都是由于他们缺乏"敬业精神"和责任感所致。比如，生产者没有敬业精神和责任感而生产假货；管理部门丧失敬业精神和责任感使其泛滥成灾；司法部门没有敬业精神和责任感处罚不力使其猖獗。

一个合格的职场人要尊敬、尊崇自己的职业，要以一种尊敬、虔诚的心态对待职业，甚至对职业有一种敬畏的心态。使自己的职业具有神圣感和使命感，使自己的生命信仰与自己的工作联系在一起，这样的下属，注定会成为一个优秀的人，总有一天会得到上级的重视。

社会提倡敬业精神，大力宣传敬业精神，敬业确实可以给我们带来许多好处。

好处1：容易受到尊重

一个敬业的员工可以影响和带动身边的人，就算其工作绩效不怎么突出，也是上级眼里比较放心的人，同事也很少去挑他的毛病，甚至还会奉其为榜样！

好处2：易于受到提拔

上级或老板都喜欢敬业的人，因为这样可以减轻他们的工作压力，可以放心地把工作交给下属。有的人会想，现在找工作也并不只有一条路，不如过一天算一日。如此混日子，只能一年到头地去找工作了。一个敬业的人，会有一种发自内心的荣誉感与自豪感，这种值得称赞的行为上级是极容易看在眼里的，一旦机遇合适，提拔的日子就到来了。

好处3：获得良好的职业口碑

当代职场的特点是人才自由流动，人们选择工作的余地很广阔。一个职业者最大的财富就是拥有良好的职业口碑，那样他到哪里都是受欢迎的人。

今天，中国正在飞速发展，如果不提高敬业精神，国家的核心竞争力同样无法得到增强。要提高我们的职业素质，必须从培养敬业精神开始。敬业精神，是现代职场人应该具备的职业道德。如果在工作上能敬业，并且把敬业变成一种习惯，就会一辈子从中受益。

我们可以从两个层次去理解敬业精神：从低层次来讲，"拿一份钱，出一份力"。也就是说，敬业是为了对单位或上级有个交代。如果我们上升一个高度来讲，那就是把工作当成自己的事业，要具备一定的使命感和道德感。不管从哪个层次来讲，"敬业"所表现出来的就是认真负责，认真做事，一丝不苟，并且有始有终。

敬业精神不仅是社会的需要，是个人和家庭的需要，也是适应未来竞争机制的需要。因此，把敬业变成习惯的人，从事任何行业都容易成功。有些人天生有敬业精神，任何工作一接手就废寝忘食，但有些人的敬业精神则需要培养和锻炼。养成敬业的习惯，或许不能立即带来可观的好处，但可以肯定的是，如果养成了一种"不敬业"的习惯，成就肯定是相当有限的。抱着那种散漫、马虎、不负责任的做事态度，做任何事都"随便做一做"，结果不用问也就可想而知了。

忠诚

比团队精神和敬业精神更重要的是忠诚！忠诚是一个人的基本品德。本杰明·富兰克林说过："如果说，生命力使人们前途光明，团体使人们宽容，脚踏实地使人们现实，那么深厚的忠诚感就会使人生正直而富有意义。"

在中国，许多行业和岗位的人都普遍缺乏对上级的忠诚，简单地把"完成工作"当做首要的取悦上级的方式。实际上，很多职场人并不知道，只有忠诚，才是决定个人在上级心中真正地位的关键因素。在任何一个机构里，都存在一个无形的磁场，磁场中心就是上级，中心周围就是这个机构中的所有人。离上级越近的人，就是上级最信任、最欣赏的人，也是上级认为忠诚度最高的人。很显然，越靠近"磁场中心"的人，越可能获得稳定的岗位和超值的回报。

忽视对上级表现忠诚是很危险的，也是不可原谅的，很多职场中人天天和上级打交道，却未能得到上级的信任，极有可能就是和忠诚度表现不力有关。可见忠诚不仅是一种品德，更是一种能力，而且是其他所有能力的统帅与核心。

我们在这里述说忠诚，并不是对能力的否定。忠诚也是要用业绩和能力来证明的，而不是口头上的效忠。既有超一流的个人技能，又有超一流的忠诚，上级怎能不喜欢这样的下属呢？随着市场经济的大潮到来，人们的观念与以往大有不同。对当今职场的研究表明：

▶ 忠诚成为职场的第一竞争力

人才越来越市场化，人才的竞争已经从单纯的技能竞争，转向了品德与技能并重的竞争，而在所有优秀品德中，忠诚排在第一位。

以前，包括企业、事业单位等在内的各种机构选拔人才时，首先看重的是工作经验和文凭，这两方面过得去，基本上就录用了。至于品德方面，短时间无法确认，基本就忽略了。可是现在不同了，包括国家招考公务员、世界 500 强企业以及民营企业等在内的众多单位选拔人才时，所关注的范围扩大了许多，有些已经把忠诚排在了第一位。

他们通过各种形式和方式测试应聘者的忠诚度，如果被认定是忠诚度不足的人，哪怕拥有高学历，拥有多个成功案例，都可能不会被聘用。大家都很清楚，一个缺乏忠诚的人不可能为团队所用，说得干脆一点儿，不可能为上级所用。这样的"能人"一旦背叛上级或团队，带来的损失可能是无法估量的。

忠诚，已经成为职场上的第一竞争力，这正如军队统帅要求他的士兵必须绝对忠诚一样。拿破仑说，不想当将军的士兵不是好士兵。他还说过，不忠诚于统帅的士兵没有资格当士兵。在这里我要说，不忠诚于上级的下属不是好下属。

▶ 忠诚成为立身之本，成为求生存求、发展的重要能力

人们生活在这个社会上，即使是一个自由职业者，他也会和各种团队、组织和人员发生往来。在这个过程中，忠诚是最基本的品德。如果缺乏忠诚，组织不会聘用他，团队不会同意他加入，搭档不愿意与他共事，朋友不愿意与他往来，亲人不愿意信任他。

人们最憎恶的就是背叛，所以人们就愈加珍惜忠诚。忠诚是对自己所坚守的信念的忠实和虔诚，忠诚是对一个人的最深度评价，忠诚是一种责任，忠诚是一种义务，忠诚是一种操守，忠诚还是一种品格。任何人都有责任去信守和维护忠诚，这是对自己所爱的人和所坚持的信念最大的保护。

丧失忠诚，是对自己品行和操守最大的亵渎。许多面试官会让求职者评价一下以往的上级或者单位，许多人往往会痛斥前任上级或者前单位的种种恶劣行径。其实这个问题间接地考验了一个人的忠诚度，那就是某种意义上的"背叛"，虽然不一定公正，但面试官宁可信其有，不会信其无。

为坚守忠诚所付出的代价是收获荣誉；为丧失忠诚所付出的代价是感到耻辱。而诱惑，既是忠诚最大的陷阱，也是对忠诚最大的考验。面对诱惑，有多少人经不起考验而丧失忠诚，昧着良知出卖了一切。其实，当他在出卖忠诚的时候，也出卖了自己。

忠诚是其他所有能力的统帅

一个人如果缺乏了忠诚，其他所有能力，如计划能力、组织能力、控制能力、解决问题的能力等，都将失去发挥的根基，失去发挥的机会。

忠诚是相互的，在任何一个机构里，如果希望得到上级的赏识，得到升迁的机会，第一条法则就是必须忠诚于自己的上级。

无论个人能力多么优秀，无论个人智慧多么超群，没有忠诚感，没有哪个上级会放心地把最重要的事情交给这样的人去做，没有哪个上级会让这样的人成为自己的核心力量。为了一点儿个人的利益而牺牲上级的利益，这样的人在职场的任何角落都不受欢迎。

今天的职场，如果没有忠诚的下属，任何一个上级也难以在工作中取胜。对一个职员来说，他必须忠诚于他的上级，这样上级的工作才能够顺利进展。任何一个上级都希望他的下属是忠诚的，他们会重用那些对自己忠诚的人，而把那些两面三刀的人拒之门外。

为上级付出忠诚，上级也会用忠诚来回报你。

忠诚是获取回报的前提

首先上级不会承诺什么，但是下属必须先向上级表现出忠诚，上级才会给予下属物质和精神回报。忠诚和回报是有先后顺序的，忠诚是回报的前提。在现实生活中，很多年轻人在工作的时候，首先强调的就是回报，这种本末倒置的做法最终将导致他们无法获取理想的回报。

许多上级宁愿用一个有十分忠诚、五分能力的人，也不愿意用有一个五分忠诚、十分能力的人。我们如果有上级，那就为上级忠诚地工作。忠诚是下属应尽的义务，如同每个人都不能容忍别人背叛自己一样，上级也同样无法容忍下属的背叛。忠诚地为上级工作吧，不管自己将来是否要调换部门或者换工作，都对自己的上级保持忠诚感，相信你很快会获得更大的利益。

进一步研究证明，对上级的忠诚，无异于为个人的职场发展上了一道无形的保险。下属对上级的忠诚通常表现为三种倾向：一是接受上级的目标和上级拥有共同价值观；二是渴望成为上级身边的一员，并以此为荣；三是愿意为上级付出更多的努力与感情，即使在上级面临困难时也能不离不弃，共渡难关。

当今职场的领导者们日益清晰地认识到，有忠诚感的下属责任感也强，对于上级自身而言这有着非凡的意义和价值，这是上级职场制胜的实用法宝。忠诚代表一个职场人最基本的人心向度，是员工最基本的一种工作精神。一个忠诚而富有责任感的人是容易获得成功的，因为上级愿意与他合作，他值得上级信任，上级也会对他青睐有加。

善于交际

打造良好的人际关系对一个在职场打拼的人来说太重要了。会做事上级喜欢，会做人上级和同事都喜欢，职场中使人受益最大的往往就是人际关系。要用真诚和服务的态度来打造自己的人际关系圈。良好的人际关系能够让工作变得快乐起来，提升工作效率，增进个人的凝聚力，逐渐树立个人威望。良好的人际关系，会让我们有一个牢固的群众基础。

我们都知道一个人即使为协调人际关系做出了很多努力，事实上仍然不能完全避免同别人发生冲突。要让自己成为一个受欢迎的人，一味地取悦别人并不是最好的方法，必须让大家喜欢自己真正的样子，这是使自己受人欢迎的基础，正确的办法就是培养自己独特的品位。

对我们这些在职场中安身立命的人而言，应该增加下列一些独特品位。

品位 1：学会独处

大家可能会惊讶，但这与受别人喜欢并不矛盾。一个人如果自己都不能好好独处的话，还能期望什么？又怎么能期望别人好好和我们相处呢？

品位 2：学会欣赏

每个人都有不同的特点足以让人尊敬和钦佩，只有找出他人独特的地方，并适当地点评，对方才会对我们的赞美由衷地喜欢。学会欣赏别人，会让我们在很多地方拥有许多共同语言。

品位 3：学会享乐和分享他人的快乐

我们要放慢自己的脚步，好好享受一下自己所做的事情，同时尽量让自己参与周围发生的事情。如果事事都做旁观者，就会觉得自己并不重要，周围的事情也不重要。不嫉妒别人的快乐，与人同乐，才是难能可贵的。

品位 4：学会据理力争

让别人知道我们具有坚强的信念和强烈的冲劲，是个有主见、不轻易妥协的人，如果没有这种闯劲，一副软绵绵的个人形象，就很难成为一个受人喜欢的人。

品位 5：学会私人间的交往

学会和别人的业余生活建立一种密切的关系，这将会使自己的生活更丰富多彩。

品位 6：学会塑造自我

不要把自己看成是他人生活的附属品，也不要把他人看成是自己的附属品。我们都享有同样多的自我创造能力，这种能力会使我们和别人同样可亲可敬。

做到了这几点，就能成为一个拥有良好人际关系的成功者。如果想在上级心中额外增加些分量，让上级觉得自己很重要，可以试试以下几种令人际关系加分的好办法。

办法 1：做上级的好听众

专心听上级讲话的态度是我们能够给予上级的最大赞扬，这是一种暗示性赞扬，能使上级觉得自己很重要。

办法 2：谈论上级感兴趣的事物

对上级，话题最好涉及他成长的历史、成长的伟绩、个人的喜好、人生经验之谈等。

办法 3：对上级表现出最大的热情

我们对上级的最大热情就是给予上级最大的支持和尊重，这能大大增强上级对我们的肯定态度和友谊。

办法 4：对上级表现出诚挚的关切

这样做可以起到知己、慰问的作用，表明上级在自己心目中占据的位置，这对个人的前途是大有益处的。

和谐的人际关系不仅可以为自己的职场成长铺就顺畅的道路，而且可以让自己获得可贵的友谊和帮助。

职业综合能力

职场有这么一个奇怪的现象：一方面是上级感叹缺少有能力的下属；另一方面是很多下属在抱怨怀才不遇，不被上级重用，没有发展前途。其实，让上级欣赏，达到职场成功，首先得明白职场成功需要怎样的能力，职场中人该如何培养自己的职业能力，又需要哪些职业能力才能确保自己在职场竞争中脱颖而出。

我们都清楚任何一个职业岗位的设置都有相应的岗位职责要求，拥有一定的职业能力则是胜任这个岗位的必要条件。因此，首先要明确自己的能力优势以及胜任这项工作的可行性。可以根据自身的学历状况、职业资格、职业实践经验等来确定自己的职业能力，必要时还可以通过心理测试等作为参考，来权衡一下个人的职业能力。

近年来劳动成本不断推高，许多企业、事业单位都通过裁减员工、减少编制来压缩开支，控制费用，实现管理效益和经济效益的提高。因此，当裁减计划层层下达到部门后，上级取舍下属时，那些职业素质高、综合能力强的下属的优势就会显现出来。那么怎样理解职业能力？上级最注重的又是哪些能力？由于职业能力是多种能力的综合，因此我们可以把职业能力分为一般职业能力、专业能力和综合能力。

一般职业能力

一般职业能力主要是指一般的学习能力、文字和语言运用能力、数学运用能力、空间判断能力、形体知觉能力、颜色分辨能力、手的灵巧度、手眼

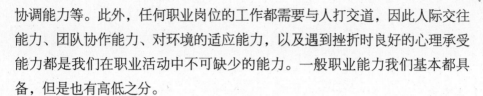

协调能力等。此外，任何职业岗位的工作都需要与人打交道，因此人际交往能力、团队协作能力、对环境的适应能力，以及遇到挫折时良好的心理承受能力都是我们在职业活动中不可缺少的能力。一般职业能力我们基本都具备，但是也有高低之分。

➤ 专业能力

专业能力主要是指从事某一职业的专业技能。尤其在技术性、事务性的工作中，上级最关注的就是下属是否具备胜任该工作岗位的专业能力。专业能力对我们的重要性不言而喻，如果你在工作中没有专业特长，就很容易被别人代替。

➤ 综合能力

这是上级对下属普遍注重的"关键能力"，一般会着重考察下属以下四个方面：跨职业的专业能力、解决实际问题能力、社会活动能力、个人能力。可以这么说，上级重点考察的综合能力实际上是在为自己寻找得力的助手或者说是接班人。

随着市场经济的发展与职场竞争的加剧，人的职业综合能力越来越被重视，职业综合能力是个人职场发展的基础。个人的职业能力越强，各种能力越是综合发展，就越能在职业活动中获取更多的机会，越能取得较好的工作绩效和业绩，从而给个人带来最大的职业成就感。认真地审视一下自己的优势、劣势，结合自己工作岗位的特殊要求，把个人的职业综合能力踏踏实实地提升起来吧！

了解你的上级

　　根撬棍费了九牛二虎之力，还是无法将铁锁撬开。钥匙来了，它瘦小的身子钻进锁孔，只轻轻一转，铁锁就"咔"的一声打开了。撬棍好奇地问："为什么我费了那么大力气也打不开，而你却轻而易举地就把它打开了？"钥匙平淡地回答说："因为我最了解它的心。"

　　了解上级的心，是我们与上级融洽相处、赢得上级认可的关键。除了最高层的领导外，每个人都有上级。有的人，对上级的指令、言论，哪怕是一个极小的暗示，都有着很强的领悟力，总能及时、准确地领会上级的真实意图。这样的下属，上级通常会青睐有加，加薪、提拔上级首先会想到他。有的人埋头苦干，工作很努力，也有成绩，但上级却不了解。你考虑过其中的原因没有？这多半是由于你不了解上级的管理方式、不懂上级的个人喜好所致，你应该积极地去探寻答案。了解上级可以是多方面的，比如上级的工作方式、上级的性格、上级的工作和生活经历，等等。就像谈恋爱一样，恋人的性格、爱好、饮食习惯、成长经历等都需要了解，昏头昏脑的恋爱怎么会有好的结果呢？

　　了解上级在我们的职业生涯中十分重要。有一些上级会将他们的意图和目的清晰地传达给下属，而有些上级则不喜欢太直白，这就需要自己用心去揣摩、领会上级的意图。做到有的放矢，对症下药。

了解上级的工作类型

对权力控制的程度

按对权力控制的程度一般可将上级分为集权型、分权型、均权型三种。实际上，上级在行使权力时，很少只采取一种方式，一般是以某种方式为主，再辅之以别的权力控制方式。了解这一点非常重要，它能使下属在工作中按照实际情况决定个人的表现方式。

▶ 集权型

集权型上级的特点是：自主意识强，注重自我价值的实现；事无巨细，大包大揽，不愿下放权力；强调制度，注重程序，纪律严明，原则性强；自信而武断，极少听取不同意见。工作中的任务下达、大政方针、制度及办法完全由上级决定，然后布置给下属执行，下属只需忠实地把上级的意图贯彻执行即可。

集权型上级和"封建家长式"作风相似，下属必须无条件执行，下属绝对不能冒犯"家长"的权威和质疑"家长"的决策。下属坚决不要尝试和此种类型的上级争权，否则后果就是招致上级的雷霆之怒，轻者被严厉训斥，重者只能另谋高就了。

在集权型上级手下工作，下属需要有极强的组织观念和纪律观念，遇事必须及时请示、汇报，听取上级的指示后再开展工作。各项工作都要认真、严谨地去做，要经得起上级的审核检验，要善于把自己的想法巧妙地融入到上级的意志中去，并使上级顺理成章地认为这是他的意志和智慧的体现与延伸。

▶ 分权型

分权型上级的特点是：淡化了个人权威，工作中尊重集体的智慧；只抓

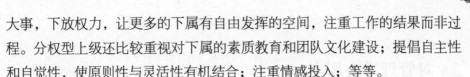

大事，下放权力，让更多的下属有自由发挥的空间，注重工作的结果而非过程。分权型上级还比较重视对下属的素质教育和团队文化建设；提倡自主性和自觉性，使原则性与灵活性有机结合；注重情感投入；等等。

分权型上级在工作中能与下属有着良好的互动，上级只决定目标、政策、任务的方向，对下属在完成任务各个阶段上的日常活动不加干预。下属可以最大限度地发挥其积极性和创造性，可以畅所欲言，各抒己见。分权型上级关注的是预期结果，那些细节问题则交给下属自己处理。

在分权型上级手下工作，要有领会上级意图的悟性和创造性地开展工作的能力。每隔一个阶段就要让上级看到他满意的工作局面，让分权型的上级看到他这种管理方式的正确性。千万不要觉得分权型上级给予了自己宽松的工作环境，就滋生懒散的工作作风。分权型上级一旦感觉权力下放得不正确，就会迅速做出调整。因此，要注重学习，努力提高自己的素质，善于自我规范，同时要有较强的集体观念，与同事关系融洽等。这样，方可赢得分权型上级的信赖和重视。

▶ 均权型

均权型上级的特点是：上级与下属之间的职责权限划分明确，下属在职权范围内有自主权，可以在职责权限允许内自由开展工作。均权型是介于集权型和分权型之间的一种模式，均权型上级主张分工负责、分层负责，以提高工作效率，从而更好地达成目标。

均权型上级与下属可以被形象地比喻成中央和地方的关系。其特点是大权相对集中于上级手中的同时，赋予了下级一定的权限。这种模式克服了集权型上级的权力过度集中和分权型模式的权力过度分散的缺陷，并汲取了两者的优点，因此是一种相对科学、合理的管理方式。

在均权型上级的手下工作，要有敢于担当和独立完成工作的能力。既要合理使用上级赋予的权力，又要避免越俎代庖；既要工作得力，又要保证自己的权限在上级认可的范围内。分内能够处理的问题，不要推给上级，无论成败，都要有敢于负责的精神。均权型上级是比较容易相处的，在上级的指导和监督下，下属只要积极执行和创新，就会赢得均权型上级的厚爱。

我们可以先从这个角度对自己的上级进行初步了解，看看他们的权力控制程度能够划分在哪一类型中，这样至少不会盲目地出错。

对管理重心所向

上级在工作中对人和事的管理重心各有侧重，我们经常看到的上级可以分为以事为中心、以人为中心、人事并重三种。这种分类方式可以让我们避免理论和概念带来的困惑、混乱和理解错误，从而迅捷地把握住上级的脉搏。

以事为中心

以事为中心的上级认为，一切都以工作为中心，强调更高的工作效率和更优的工作成果。其最明显的特征就是以最经济的手段取得最大工作成果，以工作的数量与质量及达成目标的程度作为评价下属各项成绩的指标。

这种管理方式能最大限度地保证工作的有效进行和开展，创造良好的经济效益和管理效益。但是，其缺点也显而易见，以事为中心的上级忽略了与下属的情感交流，忽视了工作过程中的人是最重要的因素，往往管理上比较严厉，缺少通融。

遇到这样的上级，唯一的应对之策就是踏踏实实地工作，拿出真正的业绩让上级放心。个人即使有些小毛病，上级看在其工作得力的分上，也会不予计较的。

以人为中心

以人为中心的上级认为，只有让下属感觉愉快且发自内心愿意工作的时候，才会产生最高的效率、最好的效果。还有一种情况就是，工作中上级推崇自己欣赏的人或者私交关系好的人。此类型上级在工作中对下属的人文关怀非常多，经常把下属的切身利益放在首位，能遇到这样的上级真是三生有幸。

以人为中心的上级在工作和私下交往中会尊重下属的人格和个性，不滥施惩罚，注重积极的鼓励和奖赏，注意发挥下属的主动性和积极性，注意改善工作环境，注意给予下属合理的物质待遇，从而保持其身心健康和精神愉快。

遇到这样的上级，唯一可以做的就是知恩图报！认真地对待自己的工作和上级，在个人物质、精神双丰收的同时，也让上级得到相应的回报。切忌，不要觉得这样的上级好欺负，容易对付，就在工作中混日子；或者咄咄逼人、得寸进尺。那样的话，离下岗就不远了！

➤ 人事并重

人事并重的上级认为，既要重视人，也要重视工作，两者不可偏废其一。既要充分发挥下属的主观能动性和积极性，也要改善工作的客观物质条件和环境因素，使部属既有饱满的工作热情，又有主动负责的精神。

人事并重的上级对下属的工作要求十分严格，下属必须按时、保质、保量地完成工作计划，创造出最佳成果，这样才能得到上级给予的一切优厚回报。此类型的上级不单纯地以人为中心，是为了避免管理分散和混乱，其对下属的工作会做双向的考核与管理。

遇到这样的上级，就要考虑既要做好本职工作，又要遵守工作中的规章制度。正如天平的两端，掌握平衡才正确。只有嘴皮功夫没有真才实学的人在这样的上级面前是不讨好的；反之，对于只会闷头工作的人此类型的上级也不喜欢。

上级对待人和工作的管理重心或有不同，我们要仔细加以区别，才能在工作中根据上级的特点有所侧重，避开上级不喜欢的工作方式和坏习惯。

对下属的态度

作为下属，如果希望增强自己掌控职场命运的能力，同时又能推动自己提高工作成绩，那么通常都需要仔细揣摩上级在日常工作中待人接物的态度。

作为上级，一件很重要的事情就是与下属的沟通交流，由于上级掌握着绝对的优势和资源，因此在这种沟通交流中占据了绝对的优势。当下属工作出色，取得优秀的成绩时，就及时奖励下属，让下属明白上级是个清醒的人；当下属失误，导致工作出现差错时就及时纠正、处罚，让下属感觉到上级的威严。聪明的上级往往会利用这种变换的态度来突出自己的管理。事实上，上级态度的变化还是有规律可循的。绝大部分上级对待下属的态度可以分为以下两种：

》 体谅型

此类型上级对下属十分体谅，关心其生活状况；注意与下属建立互相依赖、互相支持的友谊；注意赞赏下属的工作成绩，并提高其工作水平，对工作出现的不足通常采取一种宽容的态度，以便下属能够不断学习从而取得进步。

此类型上级会发明、借用和实施一些办法，以减轻下属身上日积月累的心理和情绪负担，并保护下属避免其出现无能、无知的行为表现，以及其他部门的上级或其他人对其不成熟判断的影响。此类型上级通过一系列的变革，包括更完善的规划，赋予下属更大的责任，改进评价指标并提高其透明度，以及众多文化变革措施，大幅度提高了自己部门的管理水平。

在体谅型上级手下工作，应该抱有一种"心存感激之情"的态度，应该具有承担风险和尝试新事物的动力。体谅型上级并不只是为了从自己的下属身上获得更多收益，或者以更文明的方式做到这一点。他们这么做是为了吸引和留住更优秀的人才，来实现上级个人的奋斗目标。这样的上级很有可能就是自己职场中的伯乐，那么你一定要努力工作，把握住成功的机会。

看看为什么那么多优秀的人才乐于为这样的上级工作？为什么那么多颇具"明星"潜质的下属围绕在这样的上级周围就明白了。

》 严厉型

此类型上级对下属十分严厉，重组织、轻个人，要求部属牺牲个人利益服从组织利益；明确每个人的责任，工作中会执行严格的纪律，重视监督和考核；对待错误深挖猛打，不放过一个坏人，也不会冤枉一个好人。

私下里严厉型上级被授予了"魔鬼领导"的称号，他们甚至比军队中的教官还严厉。一些刚参加工作的年轻人在公司里经常被严厉型上级训斥，有时被训斥得莫名其妙，挨了训还不知道为什么。大多情况下，严厉型上级批评下属只是为了让其尽快成熟起来，只有那些愚蠢的人才会因此记恨上级，让彼此的关系变得越来越远。

人们常说：上级批评我们，证明他还对我们寄予希望。我们应该清楚，一个上级只有对下属关心，真正想教给他本事时，才会事无巨细地严格要求、严厉批评的。上级对不抱希望的下属是不会呵护有加的，因此不要辜负了严厉型上级的一番苦心。很多人碰上这种严厉的上级都会自认倒霉，有的甚至干脆辞职，有的则每天战战兢兢地活在痛苦当中。其实大可不必如此，遇到严厉型上级，应该积极、乐观、勇敢地和他配合，接受他的磨炼。做一个虚心接受批评的人，保持一种平常心，把批评甚至是错误的批评都大度地承受下来。对于有这种禀性的下属，上级不仅愿意教育，而且更乐于委以重任。

严厉型上级可以促使我们提早成熟，提早获得经验，并且培养实事求是、一丝不苟的做事态度。在这种"训练"之下，你的潜力会被"无情"地激发出来，当别人还在摸索的时候，我们早已远远地跑在他们的前面了。

上级对待下属的态度是最容易发现的特征，我们看上级是严厉还是体谅，要看他们长期的行为，而不是从一件事上判断。有时候上级会根据形势的需要使两种态度交替存在，那么我们的判断标准就是看看哪一种态度是上级经常出现的。

对综合能力表现

对上级的工作类型有许多种归类方法，目的就是更好地把握与上级沟通的艺术，最大化地提升自身的职场空间。鉴于此，我们需要对上级的工作类型更确切地进行分析，一个更实用的表现形式就是观察上级的综合能力属于哪类范畴。

综合能力是上级的重要素质，既概括了上级的方方面面，也体现出了上级个人最明显的特点，以便我们在工作中对号入座。上级和你一样，也在全面培养和提高自身的各种能力，同时还会重点加强对具有行业特征的能力的培养和提高，我们只有紧跟上级的发展目标，才能在工作中体现自我价值，发挥更大的事业助推作用。

对上级综合能力表现的分析，可以将上级分为以下四类：

➢ 思想型

思想型上级的思维能力和决策能力比较突出。他们善于观察、推理，有很强的分析力、综合力和判断力，擅长在实际工作中发现问题、提出问题，善于从全局出发，综合各种意见和各种因素，作出决策和判断。

思想型上级一般都是很冷静的人，他们会和身边的人、事保持一段距离，大多时候都会先做旁观者，确认后才投入参与。对于周遭的一切，他们完全从自己掌握的资料中分析、了解；对不明白的事，他们会有不安全感。所以，思想型上级总是想获得更多的知识，做更多的思考，使每件事都能了如指掌，以便能够有效去应对。思想型上级有太多的情绪感受，他们往往逃避人际关系，逃避介入情感太深，就算对自己的亲人也是如此。

与思想型上级沟通时，应进行深层次的对话，知识面一定要丰富，在沟通中及时跟进上级的思路，多寻求共同点，多听倾诉，多赞成，少反对；引发上级共鸣，就可以使上级心灵释怀，从而拉近关系。另外，思想型上级注重私人空间和高度的隐私，因此不宜过多地打听或谈论思想型上级的个人隐私和经历。

➢ 实干型

实干型上级常常以身作则，冲锋在前，模范作用和动手能力比较突出。他们工作踏实、果断、顽强，实践能力和实施能力都很强，能很快地理解工作意图和当前的实际情况，率领团队及时作出决策和计划。

实干型上级脚踏实地、做事扎实，既敬重自己的事业，热爱自己的工作，又精通业务，熟悉本职工作。他们对业务熟练自如，已经融会贯通，驾驭轻松。实干型上级具备极强的认识问题、发现问题、妥善解决问题的能力。对建功立业充满激情和渴望，对自身定位保持高度理性。在工作中会更大胆地开拓创新、实现突破，在拓宽思路中推行举措，在把握规律中增强预见，等等。

在实干型上级的领导下，你要对工作充满激情和渴望，必须对自身的职业定位持有理性的态度。下属们一方面要树立敬业精神和干出成绩的理想和抱负；另一方面要培养强烈的事业心和责任感，认真履行职责，爱岗敬业，勤奋扎实。

在这里提示一下，实干型上级最容易犯的一个错误，就是冒进，有时会出现处理不好局部与整体利益的现象。如果能做个好参谋，多进一些良言妙策，你一定会成为实干型上级眼中的红人！

➤ 智囊型

智囊型上级的创造力较强。他们见多识广，足智多谋，富有探索精神和想象力，善于想办法、出主意、提方案。智囊型上级具备较强的信息分析和研究能力，并善于在实践中进行深入的研究探索。

智囊型上级具有较强的严谨性，对工作具有高度的责任感，能保证各项工作按照标准化的流程严格执行，能在转瞬间将一些看似杂乱无章的事情安排得井井有条，从而更好地保证工作的有序性。智囊型上级善于把握市场的发展变化，并具有深入研究探索的能力。

智囊型上级要经常面对大量信息资讯的冲击，要顶住同行之间的竞争压力，要准确判断所在专业领域内的需求发展变化，因而一般会有较大的心理压力，反映在工作中就会出现政令变化迅速，甚至反反复复、朝令夕改的现象。

作为下属应该保持积极的心态，善于化解这种压力，表现出轻松的状态，这样才能更好地适应智囊型上级。你可以尝试着琢磨上级工作进程的全貌，主动探索事务之间的相互关系，积极预测事物的发展方向，有效地将各种信息及时处理，圆满地完成上级交代的任务，从而获得智囊型上级的高度信任。

➤ 组织型

组织型上级的人际关系能力和用人能力较突出，善于识别和使用员工，擅长处理人事关系，有着广泛的社会活动关系，精于协调矛盾，可以保持团队的团结，涵养高，能默默无闻地为其他人创造机会。

组织型上级通常有极强的亲和力，可以使周围的人听从他的安排。他们做事严谨，分析透彻，凡事未雨绸缪，发生意外时能冷静地处理……一句话，组织型上级做得最多的就是负责统筹安排，组织人事，跟踪过程，最后由他人来执行并达成既定目标。

组织型上级就像足球赛场上的中场球员一样，起着铺垫、选择进攻方向的作用，很有"运筹帷幄之中，决胜千里之外"的气魄。组织型上级富有牺牲精神，他们并不喜欢直接抛头露面，而是乐于提拔下属，并且甘心做下属的绿叶。

与组织型上级一起工作，必须注意合作的节奏感，与其配合不求十全十美，但是必须到达要求出现的位置上。下属要坚决服从命令听指挥，绝不可以故作聪明或者逞个人英雄主义。

上级的综合能力往往比我们强出很多，这个判断标准很直观，只要我们留意一下上级的日常表现就能发现。根据上级的不同风格，我们应采取相应的工作方式，即使不出色，也别触犯上级的忌讳。

—— 上级的个性及背景你要清楚 ——

生活习惯

有必要了解上级的生活习惯吗？不了解上级的生活习惯对工作究竟有多大影响？这些问题实在很难回答，如果我们扪心自问，自己的生活习惯对工作影响有多大，相信许多人心里很快就有了答案。

我们在生活中长时间做某一件事，就会自然而然地形成一种不自觉或者自发的行为，这种潜移默化的行为直接影响到我们工作和生活中的言谈举止，进而影响到工作和生活的方方面面。我们每天都要刷牙、洗脸、整理房间、选择当天穿戴的衣物、上班出门的时间、和谁在一起休闲娱乐、乘长途车出行候车的时间安排等。如果有人无意中打乱了我们的这种生活习惯或者对我们的生活习惯指指点点，我们的心情会怎样？

有良好生活习惯的上级办事有条理，不会手忙脚乱，所有的工作可以按部就班、一一落实。那些有着特殊生活习惯的上级，我们更要注意，尽量避免由于自己的原因扰乱了上级的生活秩序。如果上级的生活有规律、有秩序，那么他的思考也就有秩序，做事情就有条理，日常工作管理中很少会出现"眉毛胡子一把抓"的现象。相反，那些生活没有规律的上级往往把邋遢无序的生活观念带到工作管理中来，失去章法，所带的团队犹如一盘散沙，更像乌合之众，在这样的上级手下工作，累到吐血也很难有所成就。

作为下属，本不应该对上级的生活方式指手画脚，评头论足，但我们应该做到心中有数，这样做是非常有好处的。

▶ 不触犯上级的忌讳

忌讳，是一种特殊的文化现象。中国自古以来就是一个礼仪之邦，不同的地域、不同的民族、不同的成长环境、不同的社会地位等，都会相应产生一些特殊的生活习惯。有些习惯是个人偏好，有些习惯却是一种信仰，具有不可侵犯、不可亵渎的性质，因此我们极有必要对上级生活中的一些习惯重视起来。

与上级交往中，有些禁忌需要我们注意规避，否则，一旦触犯就会造成不良后果：轻则招上级白眼、心生厌恶；重则有可能把职场升迁的机会都搭上。我们可以从上级的家居生活、饮食、养生保健、衣着打扮、社交礼仪、外出旅游、宗教信仰等多个角度对其生活中的各种习惯进行归纳和总结，达到了解上级、尊重上级的目的。

与上级交往是一门学问，尤其是上级生活习惯中的一些忌讳更是一门不可不知的"政治"学问、不能不遵从的一项职场生存法规。这个道理同样也适用于和同事及下属之间的交往，我们要懂得待人接物、学会为人处世，尊重和理解他人的生活习惯就是一个最好的感情融合剂。这看似是一件平常的不能再平常的小事，但是却大有学问。

▶ 避免无意中扰乱上级的生活习惯

没有哪个人笨到故意扰乱上级的生活习惯，但是不可避免会出现无意中扰乱上级生活秩序的情况。上级明明有午睡的习惯，愣头青的下属却偏偏在午睡的时间打电话向上级汇报情况；上级不喜欢下属到家里做客，不知趣的下属却偏偏冒昧地登门拜访；上级注重个人形象，讲究卫生，一个不修边幅、邋遢的下属总来献殷勤等。这些现象的结局可想而知，一定会给上级留下非常恶劣的印象。

许多人总是这样，不在乎自己的生活习惯，也不尊重他人生活习惯，经常会让他们迷失自己，让他人心生不安。每个人都有自己的生活方式，试想如果自己被别人无故扰乱生活是什么心情。一个总是把上级生活习惯忽略、扰乱上级的生活节奏与方式的行为，是极不尊重人的，本质上，就是不自重。自己不尊重自己，又如何让上级厚爱呢？

我们要熟知大家这些未定义的规矩，这些规矩不会出现在职场的规章制度里，也不会有人耳提面命地告知，只有靠我们自己的眼睛和心灵去把握。尊重上级的生活习惯，就是尊重自己，这是我们必须发挥智慧去知晓、实践并努力成为习惯的常识。

知其所好，培养共同的生活好习惯

我们会发现每一位成功的上级都有一个良好的生活习惯，这一句话，是永远都没有错的。我们可以跟那些成功的上级学习借鉴一下，这对自己会有很大的帮助。从一个人的生活习惯，一定会了解到他的内心，这对于个人是有利无弊的。观察上级丰富多彩的休闲方式，看他们是怎样成为很有规律的职业人士，他们的一言一行都很有个性风格，因为他们知道，自己周围有很多人在注视着他们，他们是形象模范。

每个成功的上级都有一套很完善的生活秩序和生活规律。我们虽然不能完完整整地套用别人的生活习惯，那是不切实际的，但是要想与上级走得近一些，我们就要以上级为榜样，从现在开始，培养共同的、良好的生活习惯。这将真真正正地决定你的人生作为，这是成功人士给我们留下来的真知。多一个好习惯，就多一份自信；多一个好习惯，就多一份成功的机会；多一个好习惯，就多一份享受生活的能力。

上级的工作行为大多是由多年的生活习惯养成的。上级办事有条理是由良好的生活秩序造就的；上级工作没有逻辑，一团乱麻，他的生活习惯肯定也是一团糟。上级品格的好坏也是由生活习惯所决定的。良好的生活习惯是人一生中最可宝贵的财富，一个好习惯养成一种好品格，一种好品格决定一种好命运。忽视上级的生活习惯和人的共性，是对上级人格的极大蔑视。在生活上我们要学会相互尊重、多些宽容和忍耐。同时，我们更应该以平和的心态与上级交往，找准自己的位置，向上级学习那些优秀的生活习惯，勤于沟通，进而获得更多利益与自由的保障。

性格特点

上级的性格不同，看待问题和处理问题的工作方式也有差异，对待下属的态度也各有不同。学会与不同性格的上级相处，可以促进和谐的人际关系，大大减少摩擦，这是身在职场的人必须学会的一门技术。

通过对不同岗位、不同经历的上级研究发现，上级的性格大致有如下四种分类：和平型、力量型、完美型和活泼型。

和平型

和平型上级为人随和，善体谅人，不愿给下属增加额外的负担和麻烦，能设身处地替下属着想。他们为人处世不紧不慢，不急不躁，轻易不会发怒。如果发怒，一定是下属做得太过分了。

和平型上级善听不爱说，所以他们能看到下属的长处，也能从被他人忽略的行为中发现价值。和平型上级喜欢与人共事，有亲和力，善于鼓励下属拓展思路。下属如果能力强，极可能成为和平型上级优先提拔的对象。

和平型上级的缺点是凡事很难作决定，对于小事总爱说"随便"，将决定权交给下属；对于大事，更是迟疑不定，反复权衡。这样虽然较少出错，却有保守之嫌，作为合格的下属，在这个时候，一定要珍惜上级的信任，帮助上级坚定信心，共同进步。

力量型

力量型上级表情专注，聚精会神，双目炯炯有神，通常从外表就能看出他们具有冲击力和对抗性。他们是天生具备领导潜质的人，有良好的判断力，喜欢支配别人，而且做事主动，有公益心，是一群最愿意为国家、为集体做事的人。

力量型上级务实不务虚，不重过程重结果，很少讲大道理、大原则或情感。他们喜欢制定很高、很实际的目标，然后付诸行动。力量型上级善于决断，懂得随机应变，实干而不拘泥于琐事，理智而不迂腐。

力量型上级性格直率，说话直来直去，容易伤人。好冲动且行动迅速，往往因仓促而走弯路，其实他们并无伤人之意，只是高估了对方的心理承受力。他们喜欢争执，即使错了也不肯认错。他们工作尽职尽责，也要求下属努力工作，由于不善于照顾别人的心情，所以他们经常被认为没有同情心。在力量型上级手下工作，一定要注意避免和上级发生争执，甚至闹得不可开交，最好的合作方式是坚决服从命令，把上级的命令落到实处。

完美型

完美型上级大多比较内向，爱思考，办事严肃，在任何事情上都精益求精，如果只得到 99 分，他们也会为一分之差痛悔不已。完美型上级举止得体，待人有礼，平时不苟言笑，显得有些冷漠。他们非常有条理，讲卫生，如果关系不是很亲密，最好不要碰他们的东西。

完美型上级喜欢独立行事，不愿意与人合作，也不轻易交朋友，但对朋友非常忠诚，对下属也十分可亲，能设身处地为下属着想。他们在工作中常常以身作则，深入业务的第一线，私下里对自己的能力有些自鸣得意。因此，对完美型上级来说适当的赞美会激起他的好感。

完美型上级做事谨小慎微、固守成规，很难果断决策。他们总是搜集尽可能多的信息，权衡各种选择，所以他们常常苦于决策。因此，如果你有好的建议和行动方案，就做一个好的参谋和猛将吧，从而帮助完美型上级提高决策力和执行力。完美型上级比较敏感、细腻、心事重，一句话、一件小事也能让他们耿耿于怀，而且他们爱记仇，不易化解，所以得罪他们是一件很不明智的事情。

活泼型

活泼型上级爱说爱笑，很快就把工作中的烦恼和忧虑抛到脑后，喜欢表现自己，在公众场合爱出风头，渴望成为焦点人物。活泼型上级爱享乐，做事注重过程，不考虑结果，只要工作开心就行。他们会把工作的过程设计得丰富多彩，让每一个参与其中的下属都感受到工作的快乐。

活泼型上级天真善变，喜欢追求新鲜，朋友众多，但真正的知己好友也许一个也没有。他们爱好广泛，什么都会，但真正精通的技能也许一项也没有。活泼型上级乐于助人，而且不喜欢拒绝别人，经常答应帮别人做自己力所不及的事，所以经常失信于人。因此，活泼型上级忘记了提拔表现优秀的下属；忘记了承诺给下属的奖金和好处，这一点儿也不奇怪。

活泼型上级不喜欢平淡的生活，一旦失去新鲜感，就会寻求改变。有时候他们对于工作的过度热情和变化会让下属无法适应。他们怕苦怕累，工作和生活中不拘小节，丢三落四，自我控制能力较差，做事易冲动，好耍小性子。作为下属一定要注意及时弥补此类型上级的不足，积极主动地帮助上级将工作进行到底，达到预期目标，避免工作中途搁浅。活泼型上级不爱记仇，他们认错的速度跟做错事的速度一样快，但不能保证下次不犯同样的错。

正如红、黄、蓝三原色可配成五颜六色一样，以上四种基本个性也可配成种种各具特色的个性，如完美力量型、活泼和平型等，但不论哪种个性类型，都必然以上述四种之一为主。只要掌握了上级的主体个性，跟他打交道就心中有数了。

个人喜好

上级的个人喜好决不单单是上级私人的事情，很多时候会对一个单位的企业文化起着决定性的影响。因此，作为员工，就应该对上级的个人喜好多了解一点儿，或者也向上级的喜好靠拢一下。上级处于直接支配各种资源配置的位置上，其个人的喜好必然为全体员工所关注，进而模仿，这也就是所说的上行下效。上级有时会把不良爱好也带给整个团队，但是作为权力掌控者来说，下属是无法对上级的喜好作出改变的，只能随着上级的样子跟进。

有的上级属于热爱工作、埋头苦干、工作认真、公私分明的人；有的上级属于身体好、精力充沛、爱好广泛的人；有的上级属于工作不尽力、业余爱好却广泛的人，说上级的爱好各具特色并非没有道理。在机关或者公司，上级有着各式各样的爱好，比如打麻将、玩扑克、唱歌、汽车发烧友、钓鱼等。上级的个人喜好不只是和个人情感密切联系的，如果领导对某项事物没有喜好，也就不会产生情感，因而也就不会对它发生兴趣。相反，喜好越深刻，情感就越丰富，兴趣也就越深厚。

兴趣是爱好的前提，爱好是兴趣的发展和行动，爱好不仅是对事物优先注意和向往的心情，而且会表现为某种实际行动。例如，喜欢推杯换盏、在酒桌上喝个痛快的领导，就非常喜欢把员工聚在一起，热热闹闹地过个周末。某位下属知道自己酒量不行，想尽一切办法推托，上级十分不悦地批准了。从那以后，所有的聚会都没有人再通知这位下属。从这件事可以看出，上级想借着酒桌和大家说说笑笑，沟通感情，增强凝聚力，当然希望所有人都参加，对这个不肯赏脸的下属，他当然不会留下好的印象。

有的上级对旅游很入迷，认为旅游既开阔眼界又有益健康，既能丰富知识又能陶冶情操，而且到过的地方越多，就越投入，情感就越专注，越有兴趣，于是就会发展成为一种爱好。那么因公出差时，上级就会在所到之处游山玩水，作为陪同的下属不但要完成好工作任务，还要确保上级玩得开心、玩得尽兴。

尽管我们对上级的一些爱好不感兴趣，甚至很反感，或者说我们自己没有什么爱好，我们的主要精力都用在工作上了，而且作为一个精力充沛的年轻人，还是应该以工作为重的，但是也应该根据情况，适当选择一些与上级相似的业余爱好，以保证自己与上级之间的互动，对上级那些无太大意义甚至低级趣味的业余爱好，应坚决放弃，不要模仿。

当然，某些情况下，我们也不能完全照顾上级的个人喜好。那些体现出公正、合理，不是上级一己之私的个人喜好，都可以接受。分享一下上级的喜好，也可以增加自己的阅历和相似感。因此，要懂得揣摩上级"亦公亦私"的个人喜好，要打造和提升自己的职场形象。所以，上级工作之余的个人喜好如果能接受，不妨尝试参与其中。相信，和上级的共同语言越多，机会也就越多。否则，拒绝和上级同步的这类人在单位里就只能成为不在上级视线里的人，或者说上级不喜欢"召见"的人。

👥 上级的工作资历

资历是个十分奇怪的话题，职场中论资排辈的现象无处不在，而上级的资历更多了一层神秘的色彩，把"资历"的重要性演绎得淋漓尽致。对刚入职的新人来说，没有任何资历，就像一张白纸；对那些被称为"上级"的人而言，资历就是他们存在的理由，资历就是他们不可战胜的力量。我们面对上级的时候，一定要注意多方面了解上级的资历，因为资历往往是和上级的工作经历、个人阅历等多方面因素联系在一起的。这既是一个已发生的历史性因素，反映出上级过去的工作情况和背景状况；也是一种正在发生的现实性因素，主导着上级当前的工作方式和升迁前景。

上级也有可能是从基层一点点努力才到达现在这个职位的，上级的资历能反映出他们的工作能力和处理问题的方法，其中有许多是值得我们学习和借鉴的。现实工作中，我们会对资历较深的上级往往比对资历较浅的上级产生更强的敬畏感和信任感。切记，一定不要对资历浅的上级不重视，甚至不服气，不要轻易尝试挑战任何上级的权威，即使资历最差的上级遇到尊严的挑战，也会积极应战的。

资历越深的上级，对岗位所赋予的权力使用得就越老练，拥有了不同程度的权力影响力，他们发挥得会更加自如，这种影响力在发生作用的过程中带有鲜明的资历特点：

资历越深对下属的影响越带有强迫性、不可抗拒性。这是毋庸置疑的，常年的历练已经让上级把权威和权力深深地印在了骨子里，在业务管理权限内，上级绝对是个专家，是个行家。在他们面前耍小聪明，搞小动作，怎么会得逞？

资历代表实力。由于资历主要与过去所任职务及个人背景等有关，因此它产生的影响力的性质主要也属于权力影响力的范围，它存在于领导者实施管理行为之前。这样的上级可以轻而易举地从上一级管理部门或者不相干的外部得到助力，关系网十分广泛，如果下属需要，能够随时给予下属全方位的支持。

资历代表着丰功伟绩和升迁前景。真正的资历从不会被埋没，它们只是在等待机会。当一个资历深厚而能力欠缺的上级出现时，很多下属会出现不尊重上级、嘲笑上级的现象，一旦弄巧成拙，后果不堪设想。上级的资历往往能反映出他所做的工作和在工作中增长的才干以及积累的知识、经验，不擅长目前岗位应具有的能力并不要紧，这样的上级来这里也只是走个过场，他们等待的是下一步的升迁。因此，不要嘲笑能力稍弱的上级。

下属在与上级接触过程中，心理和行为是被动服从的，缺乏自觉性、主动性和积极性。总是抱着没有底气和恐惧的心理，自然无法和上级很好地交流和沟通，自然也就失去了很好的学习机会。研究上级的资历，可以给我们很多的借鉴。如果发觉上级职场升迁的历程有独特的方式，不妨认真研究一下，对自己有提升意义的经验完全可以借鉴一下。

价值观

　　了解上级的价值观无比重要，这种价值观完全决定了上级在工作中以何种姿态出现。上级思考问题的方式和工作方式都是受价值观支配的，价值观是上级心目中善恶美丑、远近亲疏的标准，看不透上级的价值观犹如没头苍蝇，永远找不到出路。为什么？正如一位管理大师所说："有什么样的上级就有什么样的公司。"因为上级的价值观对形成团队价值观起决定性作用，对工作的方向起决定作用，对员工的升迁褒贬起决定作用。了解上级的价值观，就把握住了工作的核心价值观，就比较容易融入到这个集体中。

　　上级喜欢用业绩来说话，此时的下属工作起来就比较舒心，努力工作，减少失误，不断提高自己的业务水平，让上级看到我们每一天都在进步就可以了。如果上级嗜好吃拿卡要，搞歪风邪气，此时的下属单单依靠工作出色就很难有出头之日。还有的上级一味想着个人的高升，把工作当做跳板，大做面子工程，只为取得上级领导部门的满意，此时的下属仗义执言、光明磊落的行为就很难被上级容忍。

　　以上这几种情形只是举几个简单的例子，工作中会遇到有各式各样价值观的上级，上级是整个组织中的核心人物，作为员工，应主动去适应他，才能在工作中达成默契。了解上级的价值观，并且使自己尽快适应，才能逐步获得他的信任和重视。换句话说，知道上级喜欢什么，讨厌什么，就比较容易做到让上级满意，比较容易受到上级的信任和重用。假如一味顺从自己的喜好，做自己认为正确的事，而不考虑上级的要求，就可能吃力不讨好，受上级的白眼和冷落是在所难免了。

　　还有一个角度可以帮助我们了解上级为人处世的价值观，就是看上级如何对待自己的亲人、朋友，从中我们可以看出他做人的准则。假如上级是个只讲利益不讲感情的人，这个人的依靠程度就值得掂量一番了。试想，作为下属，能比他的亲人和朋友更亲密吗？我们跟他的关系大概只能是利用和被利用的关系。假如他对朋友讲感情、对亲人讲亲情，说明他品质不坏，基本可以信任，为这样的上级鞍前马后也能得到回报。最可敬、最可信的就是那种办事公道、以身作则、平等待人、与下属交朋友的上级，这种上级可为师、可为友，值得我们为他效力。

对下属来说，岗位的优劣，判断标准不在于它的创造价值，关键在于上级对下属持何种态度。有的上级把下属当成合作伙伴；有的上级将下属当成家人或朋友；有的上级把下属当成服务生；有的上级把下属当成牛马。上级对下属的态度不仅会影响到下属的心情，也会影响到下属的成长前景。所以，搞清上级的价值观对自己如何开展工作以及保护自己具有指导意义。

一般来说，有良好价值观的上级应具备以下若干品德：

有正气、有远见，能体谅下属的辛劳；工作中能以身作则，身先士卒，遇到困难不逃避、不推脱；能看到下属的长处，乐于倾听下属的意见。

不跟下属争功，不见利忘义；公平分配下属应得的报酬；对勇于进取的下属给予优厚的奖赏，对懒惰不负责任的下属给予严厉的惩罚。奖赏不逾时，惩罚不避亲疏。

贤明而又谦逊，平易近人而又不丧失原则；主动与下属沟通，绝不高高在上。

同时，我们也无法避免遇到价值观取向有问题的上级，他们的日常表现如下：

目光短浅，只看到眼前利益，工作中颐指气使；嫉妒比自己有能力的下属；蔑视下属，做事没有准则，完全靠个人喜好行事；一味强调工作，对下属的感受和困难漠不关心；不断增加下属的工作量。

贪婪不知满足，只顾自己的前途，无视员工的合法权益；将下属的功劳据为己有，将自己的过错推卸给下属承担。

重用溜须拍马的人，听信谗言，疏远仗义执言的下属；言语奸诈，骗取下属的信任，毫无信用可言。

一般来说，职场没有价值观绝对好的上级，也没有价值观绝对坏的上级，以上只是简单总结一下上级的行为。在上级身上，好的价值观、坏的价值观各有一些，关键看好坏的比例如何。据此可判断这位上级大概是个什么样的人，是否值得真心付出和追随。

—— 与不同上级沟通的艺术 ——

与直接上级沟通的艺术

前面章节讲过，直接上级对我们职场发展前途的重要性。我们身在职场，一定要与直接上级的步调保持一致。上级朝东，我们绝对不能朝西；上级让我们顶上去，我们绝对不能后退；上级的步子放慢了，我们绝对不能不顾眼色地往前冲。我们的工作再出色，付出再多，如果和直接上级步调不一致，累死也没有人替我们主持正义。因此，我们要重视与直接上级沟通的艺术，在工作中灵活地运用。

上级和我们一样，有他的性格、爱好，也有他的作风和习惯。我们要对上级的这些特点有个清楚的了解，不要认为这是为了庸俗地"迎合"上级，而是为了运用心理学规律与上级进行沟通，以便更好地处理上下级关系，做好工作。

人性中有一种最深切的秉性，就是对被别人尊重的渴望。在与上级交往中，要永远记住，所有的上级都希望自己的下属尊重他、认可他。我们要看到上级的优点和长处，在工作的时候给上级应有的尊重。我们可以请上级畅谈他经历丰富的从业过程，请他指出我们应该努力的方向，接受上级对我们的批评等。这样做会引起上级的注意和好感，他会觉得我们是对他真心钦佩、虚心学习的人，是有培养前途的人。

我们的日常工作有60%是用在各方面的人际沟通上。沟通是我们与上级相互了解必不可少的润滑剂，也是上级指导我们工作必不可少的一个环节。那么，工作中我们如何与直接上级保持步调一致？

● 要向上级表明积极的态度。在适当的时机，找机会向上级表明，会为了团队的发展努力贡献自己的力量。当然，还要把这些落实到日常工作上，否则不如不说。如果上级发现我们的言行一致，他就会相信我们是个有诚信的人。

● 要坚决服从上级的命令。不要以为自己的业务能力强，工作中可以独当一面，见识比上级广，就对上级的命令不置可否、阳奉阴违。这样做最招上级怨恨，不要说功劳，连苦劳也会一笔抹杀。如果觉得上级的命令不合理，可以私下向上级建议，但是行动上必须无条件执行。

● 要任劳任怨，不要经常在上级面前发牢骚。要将上级的决策按要求落实到具体方面，因此会工作量比较大，工作比较烦琐。在这种情况下，有些人会忍不住发一些牢骚，甚至在上级安排工作时脸拉得很长。偶尔一次发牢骚，上级或许会原谅，但决不能经常发。任何上级都不喜欢那种患得患失、怨天尤人、满腹牢骚、怪话连篇的下属。

● 我们要创造性地执行上级的指示，不要消极、被动地对待工作。有人认为，下属就是听吆喝的，上级让干什么就干什么，其他与己无关。这种人上班就是等待命令，如果上级没有给他安排什么事，他就会坐着喝茶、看报、聊天、打哈欠，这是种消极、被动对待工作的表现，往往导致工作停滞不前。由于上级所制订的工作方针、计划、要求一般都是比较笼统的，因此下属必须在领会这些方针、计划、要求的基础上，发挥自身的主观能动性，结合自己的实际情况创造性地开展工作，这也是下属工作水平、能力的主要体现。

能做到以上四点，与直接上级的合作基本就不会出现大的纰漏，可以算作是一个比较合格的员工，至于更多的实用技巧，将在下面的章节中逐步讲解。

与上级的上级沟通的艺术

职场上，对大多数年轻人而言，大领导或者老板属于远高于自己的"阶层"，高高在上、遥不可及，越是大机关、大单位、大企业越是如此。我们身边的很多人，由于对上级的上级（大领导）感到生疏和恐惧，潜意识中怕见大领导，见到大领导时一举一动都不自然。即便是必要的工作汇报，都愿意用书面报告，以避免大领导当面责问的难堪。时间久了，员工和大领导的陌生感或者隔膜肯定会越来越深。其实，大领导也是人，人与人之间的了解、理解以及好感是要通过实际接触和语言沟通才能建立起来的。一个员工，能和大领导做面对面的沟通，把自己的特点尤其是优点真实地展现在他的面前，使大领导直接认识到我们的为人和才能，将来被赏识和发掘的机会将大大增加。

比如，因为某项特殊的工作需要，上级指派我们向大领导汇报情况，既然找我们，就是要听我们解决问题的方法。也许大领导会迂回地问一些工作中的情况，我们千万不要以为他是真的要听我们打小报告。很多人都不懂大领导说话的艺术，结果抱怨工作不公现象，抱怨同事，指责上级，对公司提出很多意见。这种行为看似很真诚，其实犯了职场的大忌。大领导会认为我们是一个不懂人际交往、背后爱打小报告的人。最好的方式就是夸奖和我们一同合作的同事和直接上级，对我们的团队合作表示满意。这样，大领导会觉得我们是一个很有团队感的人，很会尊重别人，会处理人际关系。

我们不建议越级沟通，而是要在直接上级知道的情况下进行或者上级委派我们进行时汇报。这是上级对我们的信任，期望我们在大领导面前留下好的印象，为以后的提升打下基础。在与上级的上级沟通方面，做好以下几点非常重要：

➤ 沟通一定讲求简洁

大领导大多公务繁忙，也非常讲求效率，最怕长篇大论、言不达意。莎士比亚说简洁是"智慧的灵魂"。简洁的表达本身就是汇报者总结能力、语言能力的体现，提前做好准备，打好腹稿，用简洁的语言和行动与大领导进行短暂交流，往往可以起到事半功倍的作用。

➤ 举止大方是根本

对大领导的尊重是必要的，但是过于谦恭往往会让自己的观点失去锐气，更会使大领导心里产生反感。与大领导沟通，言谈举止之间不卑不亢，从容对答，会给大领导留下自信、中肯、大度的好印象，成为他心目中的可选之才。

▶ 善于聆听做听众

和大领导的沟通一定是双向互动的，彼此交流、了解对方的观点和想法非常重要，尤其是吃透大领导对相关问题的思路，对员工以后的工作发展方向非常重要。不要急于发表个人意见，要有足够的耐心去聆听和领悟。自顾自地滔滔不绝，会让人感觉有些妄自尊大，是无法起到与大领导沟通的作用的。

▶ 勿贬低别人抬高自己

和大领导沟通往往会涉及他人，大领导也愿意听到你对他人的评价，以增加了解。这时候，作为下属，一定要紧密围绕"事"而不是"人"，即"就事不就人"。要在分析"事"方面的具体不足时带出对"人"的看法，不要下定论，留给大领导自己判断的空间。这样的沟通，会留下为人厚道、处事公正的好印象，大领导会非常满意这种汇报的。

作为下属要了解大领导的沟通倾向，适时调整自己的沟通风格，积极有效地进行沟通，塑造良好的职业形象，最大程度地获得大领导的认可。

我们要更多地体会与大领导沟通对自己发展的重要性，这样的机会不是每个人都能遇到的，但是我们要随时做好这样的准备。大领导要我们做的事情，我们需要办好、办漂亮，但是不要表现过了头。大领导高兴了，有人就会看不顺眼，小领导（上级）以为我们要夺权，会对我们产生敌意，这反而会弄巧成拙。总之，与上级的上级沟通需要一些技巧才可以游刃有余，需要我们多观察和体会。

▲▮ 与其他部门上级沟通的艺术

值得注意的一个现象是，许多人对其他部门的上级很不在意，这是一个认识上的误区。其实，在职场提升之路上不仅要搞好与本部门上级的关系、得到本部门上级的赏识，搞好与其他部门上级之间的关系、得到其他部门上级的赏识也是同等重要的。这是因为我们的上级与其他部门的上级同为领导，他们之间经常会有交流和沟通的机会。当其他部门的上级提到我们能力很强、为人处世大方得体时，对我们的上级来说这是一种骄傲。有人夸他手下的人，表明我们使他有面子，他当然会感到高兴。这样，即使一开始他对我们没有多重视，听到夸奖以后也会对我们另眼相看的。

和其他的部门上级处理好关系，也可以扩大我们的信息来源，增加我们的整体知识量。在考虑问题时，可以有全局的感觉。而且，有的信息，我们比别人早知道一步，就可以优先采取措施。例如，其他部门有个空缺职位，我们非常想得到它。当我们和这个部门的上级关系好时，我们就会早点儿得到这个消息作出准备，在考虑录用时，也会优先考虑我们。因为他们了解了我们平时的为人，知道我们的能力，知道我们能否胜任。

如果能够做到和其他部门上级很好地沟通，就可以增加我们在公司里的人气。大家都会认为我们的人脉广，是一个中心人物，如果能给别人这样的印象，我们在公司里的影响力就会增加。上级在考虑提拔时，当然愿意提拔有影响力、有群众基础的下属。因此，和其他部门的上级保持良好的关系，对于我们的职场晋升来说是非常重要的。在与别的部门领导交往中要注意以下几点：

➤ 要点 1：尊重其他部门上级

相互尊重是我们和其他部门上级建立良好关系的前提，但作为下属更应积极地去努力，不要以为其他部门上级和自己无关就不尊重他们。一个善于学习的下属必须改善自己的态度。

➤ 要点 2：控制好交往的尺度

和其他部门上级也要保持一定的距离，和他们交往过密，会引起其他部门同事的不满，会使他们讨厌我们。同时，也要注意接触的频率，和本部门上级相比，与其他部门上级的交往不应过频，以免引起不必要的猜测。另外，和其他部门上级的沟通，最好是在业余时间，建立私下的交往关系，进行一定感情上的沟通，但要注意不要窥视他们的隐私。我们可以了解他在工作上的作风和习惯，但对于他的家庭和私人情况则不必了解。

要点 3：要有敬业精神

每一个上级都喜欢有敬业精神的下属。要取得其他部门上级的信任，就必须既重实干，又对上级忠心，二者结合，才能无往不胜。所以，无论在本部门上级还是其他部门上级面前，尤其是其他部门上级面前，都要尽量表现出自己的尽职尽责，和其他部门上级交往的机会远比本部门上级要少得多，这就要求我们要抓住一切可能的机会来表现出自己的尽责。如果其他部门上级对我们的尽职尽责很满意，则很有可能反馈给我们的上级，这不仅在上级面前为我们加了分，又使我们的上级极有面子。

做到了上面的几点，我们和其他部门的上级建立良好的人际关系就更容易些。赢得了其他部门上级的好感，对于我们在本部门或者单位里的脱颖而出，以及我们日后的发展都大有好处。

还有一种情况，在跨部门合作中，我们要面对其他部门的上级，双方没有隶属关系，该如何与该部门的上级合作？不妨遵循以下几个原则：

原则 1：运用说服力和影响力

在这种关系中，命令对双方都没有约束力量，以自己的语言为基础来说服他人反而比较有效。

原则 2：用事实、证据来说话

我们可以利用相关文件，政策、大领导讲话内容等为我们的工作增加可信的力量。

原则 3：尊重对方的专业

跨部门合作时，很多人会对自己的部门或背景更忠诚，我们应该显示出对他们应有的尊重。

原则 4：建立共同的基础

不论彼此有多大的差距，总有共同关切的目标存在，应设法聚焦在这些相同点上，而不是彼此的差异上。

▷ 原则 5：注意保守机密

不同部门对于机密、资讯的等级认定也不同，应尊重这些差异，保守机密，建立协同合作关系。

▷ 原则 6：显现尽心尽力和诚信

展现出诚信与尽心尽力的态度，而不是透露出被迫这么做的无奈，从而赢得其他人的尊敬。

▷ 原则 7：用心交往

真正的交往都是真心换真心。只有付出了才会有收获。在他们需要帮助时，应尽自己所能去帮助他们。这样的机会不常有，遇到了就一定好好把握。

与年纪轻、能力弱的上级沟通的艺术

对于事业单位，人事制度相对僵化，远不如企业的人事制度灵活，上级和员工都可以随时炒对方的"鱿鱼"。而作为行政机关人员，没有条件自由选择自己的领导，面对组织任命的上级，只有适应领导、接受领导、服从领导的选择，想换环境绝非易事。

遇到有魄力、有能力、有责任感、有爱心、有驭人之术的上级，是下属的幸运。工作在一个心平气顺、有战斗力和凝聚力的集体里，会迸发高涨的工作热情，确立较高的工作标准，不遗余力去努力工作。如果在一个无领导力、没有经验的年轻的上级手下工作，会非常痛苦。他们有时刚愎自用，不重视人才；明哲保身不主动承担责任；工作没有思路，不遵循章法，瞎指挥乱下令，导致本部门工作平淡无奇，甚至漏洞百出，业绩下滑；人心涣散，人心思变，但却人人无奈。

俗话又说："自古英雄出少年。"在当今这个充满机会的时代，不少年轻人凭着勇气和智慧创业，成为部门负责人或者老板。他们的年龄可能比下属要小得多，但他们需要的尊重却跟其他上级一样多。

有些人爱用老眼光看待年轻上级，认为他们能力不足，经验太少，对年轻上级抱着不信任的态度。这种态度是错误的，这种担心也是多余的。正确的态度应该是热心帮助他、支持他、尊重他，并有必要"扶他上马，送他一程"。这样，双方的关系将会更融洽，年轻的上级对我们也会更加关怀和尊重。

我们不能戴着有色眼镜看待年轻的上级，能力弱可以提高，经验少可以积累。我们尊重年轻的上级，不是尊重他的年龄和地位，而是尊重他的人格魅力和工作业绩。因此，年长的下属大可不必因为上级比自己年轻而感到尴尬，也不必因为必须在他面前"俯首听命"而汗颜。

尊重年轻、能力弱、经验少的上级，我们要做到以下几点：

● 和年轻上级相处时，要不卑不亢。既不低三下四，也不"倚老卖老"，态度要谦虚、诚恳，言辞要委婉、慎重。在一般情况下，不要直呼上级的名字，尤其是在公共场合，即使他们年纪轻，直呼其名也是不恰当的。太过随便的称呼，会使上级的威严受损，这是任何一个上级都忌讳的。

● 年轻上级在工作上遇到麻烦时，我们要尽量为他分忧，运用自己的专业知识和丰富的经验帮助他渡过难关，并在解决问题的过程中适时地、巧妙地进言，使上级在不知不觉中学到知识，提高自己。这时，下属千万不能抱着幸灾乐祸的心理，躲在一旁看他如何"出丑"。

● 年轻上级做决策，固然应该征求下级的意见，但有时也很难周全，这就要求下级能够谅解。只要上级的决策大体正确就应该执行，而不要吹毛求疵、百般挑剔。更不能说什么"到底还是年轻啊"之类的怪话。这样小视年轻的上级，对自己毫无益处。

有些事实是无力改变的，我们不能拿自己的职业前途意气用事，上级永远是上级，这是职场铁律。况且，在这样的上级手下工作，上级对下属的依靠比较多，我们完全可以成为上级的左膀右臂，得到上级的青睐。

与新上级沟通的艺术

很多人在职场待久了往往会产生一种惰性，排斥任何改变。我们可以让自己不跳槽，但不可能要求上级也不跳槽。一旦上级离开，很多人会不自觉地想到一朝天子一朝臣，对于新上级的态度会产生莫名的排斥和抵抗。

新上级的出现不外乎两种可能：一种是我们进入新的单位遇到新的上级；另一种是新上级"空降"到我们所在的部门。对于新入职的员工而言与新上级的关系往往是最重要的。因为日常的工作需要新上级的安排、支持，是否能够顺利通过试用期、转正都需要新上级的评估。如果是新上级"空降"到我们所在的部门，那么最重要的是"让自己变得重要"。

无论哪种情形，当新上级出现的时候，都要冷静地思考应该如何与新上级相处。原来上级认可的工作方式，新上级也许并不满意，他会嫌我们的报告不够简洁，浪费他太多时间；或者我们处理的事情没有立刻让他知道，让他一切都在工作状况外。无论做什么事情新上级都感到不够好，使我们进退失据。当处在这种状况的时候，我们会感到一切都不顺，甚至担心工作会不保。这种状况是每个上班族最难适应的一种。

首先，我们要尽量从过去上级的风格、做事方法中跳出来，试着用中立的态度去适应和评价新上级，在沟通中少用"过去如何如何"的字眼。"过去"对新上级来说也许是个刺耳的词，会让他感觉没面子或下不了台。其次，因为我们比新上级更加了解公司的制度、工作流程、企业文化，可以多与新上级交流，让其更快适应公司。同时，我们比新上级更加了解大领导和其他中层领导，我们可以多去分享大领导以及其他中层领导的性格、处事方法，以帮助新上级更快地奠定和各层的良好关系。最后，都说新官上任三把火，在新上级推行新的改革和政策时少抱怨，尽量多给予支持和肯定。通过这一系列的举措可以切实让新上级感受到我们的重要性，彼此建立充分的信任。

要想和新上级相处融洽，一定要试着去了解新上级对我们的特定期待。尽量创造和新上级沟通交流的机会，告诉新上级我们过去的工作内容、工作的方式方法、取得的成绩，以及个人的风格。随后让新上级告诉我们新工作和原来工作内容的差异，工作方式、方法的不同，成绩衡量标准的区别。然后，明确新上级对我们今后一段工作的阶段性目标和期望，而我们也可以顺便根据目标提出需要哪些方面的支持。除此以外，还可以从侧面了解新上级的个性、做事风格、最不能接受的情况等。通过这种方法明确了新上级对我们的期待，就可以保证我们沿着正确的方向在努力。

每个上级都有不同的行事作风，因此我们可以采取听、读、看、问的方式更深入地了解我们的新上级。注意听新上级说什么？如何说？说的时候常提出来的理由是什么？注意读新上级留下来的批示或备忘录，发现他在乎的是什么？要求的是什么？注意看新上级如何主持会议？如何与下属沟通？喜欢和什么人沟通？为什么？应该如何和他相处？善于察言观色是上班族的生存之道。

和新上级相处并不容易，我们的行事风格或做法可能和新上级不一样，但是如果我们熟悉了他的喜好和方法以后，顺着他的意思去做，便能得心应手。和新上级的关系良好是推动工作开展的基本条件，对我们的职业生涯发展也有帮助。所以说，和新上级相处并不困难，而这个过程就是从不了解到了解、从不理解到理解，最后成为互信互助的搭档。

与未来的上级沟通的艺术

我们想要进入一个新的单位，第一个程序就是通过招聘方的面试，面试的最后一关我们基本上都会遇到未来的上级。面试成功与否，就看我们的表现能否征服未来的上级。与未来的上级沟通往往会有些难度，因为我们对未来的上级还不了解，如何抓住有限的时间展现我们的优点？如何让未来的上级为我们投下关键的一票？现代职场有各种类型的面试，面试的过程设计得也十分巧妙，目的经常是了解我们的个人情况和道德品质。近几年，许多招聘单位还在面试环节增添了心理测试，这就更提升了面试的难度。心理素质合格了可得到录用，心理素质不合格即使能力再突出也有可能被淘汰。可以说，我们与上级的第一面其实就是双方心理的交锋，注重考察的也是心理素质。

事实上，我们很多人对面试都产生了惧怕，对面试感到没有把握，给心理带来了极大的压力。如何在未来的上级面前展示我们，引导未来的上级对我们产生兴趣和好感，是一个很现实的问题。必须精心设计我们的言行举止，并且了解面试中一些常见的心理测试范围，做到有的放矢，胸有成竹，在面试中向未来的上级成功地推销自己。一定要注意心理策略的使用，可以使用一些面试的技巧来帮助我们展示自己，引导对方的思路和兴趣，多探讨对我们有利的谈话内容。在此，简单总结了面试中常用的一些实用技巧，希望可以对大家有所帮助。

▶ 讲究"包装"

不仅商品的促销需要良好的包装，人的自我推销也要讲究包装。我们给未来上级的第一印象几乎都是视觉上的。在别人真正了解我们之前，会在我们身上寻找其认为可取的特点。许多人面试成功都得益于大方得体的"形象包装"。首先让未来的上级眼睛看到"美"，从我们的外部包装辨析到我们内在优秀的品质，展现出良好的职业素质和个人价值观。因此，面试时的外部包装应有所讲究。

● 一般来说，外部包装应给人以整洁、美观、大方、明快之感。

● 针对招聘单位性质不同，穿着打扮应有所不同。应聘机关单位要穿得正统、庄重一些；应聘企业财务人员最好穿深色套装；应聘企业公关人员最好穿得时尚一些；应聘企业销售人员最好穿得活泼一些；等等。

● 用服饰弥补性格的不足。例如，内向的人若感到身单力薄，可以用粗犷一点、厚重一些的服装去补充视觉上的单薄；性格过于活跃的人，不妨穿文静一点儿的服装，收敛一下外露的过剩精力。

▶ 注意礼仪

礼仪在面试中绝不可少，这是个人人际交往能力的体现。

● 面试时，注意不能迟到，表明我们是守时的人，也表明求职的诚意。

● 要像走进家门一样自然地走进面试现场，千万不要手足失措。

● 见面时，向未来的上级问好。产生一种和谐的气氛，有利于开始面试谈话。

● 切勿急于坐下。在未来的上级请我们坐下时，说声"谢谢"之后入座，并保持良好的坐姿。

● 谈话中，目光注视对方，不要飘忽不定，要让上级感觉到能抓住我们的注意力。

● 注意倾听，既表现了谦虚，更表示了尊重与诚意。

调控情绪，平稳心态

面试的难关在于自身，情绪的过度紧张，心态的过度不稳是面试成功的大敌，也是最应该避免的心理情绪。只有战胜紧张感，才能从容地表现自我，成功地推销自己。

● 增强自信，多给自己些鼓励，态度要豁达，不要总担心面试的结果，顺其自然，面试中就容易多一份恬然、安然、自然。

● 镇静心神，调整呼吸，调整语速，调控目光。目光对准未来上级的额头，对于安定情绪有意想不到的效果，又不妨碍礼仪需要。

● 积极暗示。积极的自我暗示对心态的平稳有一种自我制约的功能，可以减轻乃至消除心理紧张，同时也是缓和对方态度的好办法。

巧妙交谈

心理状态调控好了，就为顺利地交谈打下了良好的心理基础。而交谈，最便于表现一个人的表达能力、理解能力、应变能力、人格魅力等。这正是未来的上级面试我们主要测试的内容。

● 如实地展示自己的生活背景、受教育背景和工作经历。

● 口齿清楚，答话简练，不用口头禅。逻辑性和条理性尤为重要。声调不要太高，不妨多带些感情色彩。适当运用幽默的语言给谈话增加轻松愉快的气氛，个人介绍的内容可以提前打好腹稿，并多次口头练习，找出自己说话的语病，把个人介绍的内容加工得完善一些，逻辑性强一些，千万不要没有条理性、想到哪说到哪。

● 大胆说出自己的优点，既宣传了自己又不虚夸。在我们没有得到录用前，对方也不知道我们的优点在哪里，我们可以如实地讲出来，或许我们身上的某个优点、特长正是上级所看重和急需的。

机智应付

对于未来上级提出的尖锐问题，不能回避。

● 确实不会的，就坦诚回答"我不会"，不要胡乱发挥，说没把握的话。

● 很难回答的问题，就边想边说。这类问题时常没有固定的答案，而是要从我们回答的过程看我们的思维是否敏捷、思路是否清晰。回答时要注意围绕着问题的中心展开，层层分析，做到思维广泛、思路却不乱的状态，给上级留下我们头脑清晰，是个可塑之才的印象。

● 大话说过头了，不要面红耳赤、不知所措，也不要继续掩盖进行狡辩。最好的办法是坦率承认，之后在其他问题上补救。面试中自我宣传夸张一点儿也是情理之中的，完全实打实的表现是最笨的面试方式，我们要虚实结合，该自我提升形象的时候要适当地夸奖一下自己，我们说的话招聘方是无法都去印证的。可以稍稍抬升一下自己的业务能力，抬高一下以往的工作业绩，注意不要把牛皮吹破或不合逻辑就行。

● 对自己不便回答或者涉及职业道德的问题应慎重，可以婉言拒绝。适当的"闭口"一来让我们减少犯错误的概率，更能显示出我们良好的职业道德。

● 发现面试不利的迹象，要拿出不到最后关头誓不罢休的决心，镇定自若、临危不乱，也许会反败为胜呢！

与未来上级见面是一个充满机遇的挑战，有的人不懂得其中的窍门，难免处处碰壁，不被人接受；而有的人却可以靠自己掌握的交际方式左右逢源。我们要想拥有好的职业前途，必须学会面试技巧，必须掌握一套说话与做事的方法，打动我们未来的上级，给我们打个高分，进入自己心仪的单位，早日实现梦想的人生道路。

———— 学会领会上级的意图 ————

领会意图的实质

上级的意图，并不等于上级的命令。命令，是上级直接对下级的行为提出要求，侧重于让下级知道行为的目标，即"要做到什么"；而充分领会了上级的意图，则可以保证下级行为的效果，即"要做好什么"。

《西游记》中，菩提老祖在孙悟空的后脑拍了三下，生气地拂袖而去。

孙悟空却悟出了菩提老祖的真实用意："夜晚三更后门进来拜师学艺。"可以说孙悟空的基本职业素质很高，很快就领会了师父的真实意图，没有辜负菩提老祖的良苦用心。因此，他也学成了战天斗地的神奇本领，成就了一番美名。

请大家品味一下"领会"这个动词，为什么不叫"征求上级的意图"、"猜测上级的意图"，而要用"领会"这么一个词来描述？有句话说得好——心领而神会——以心领受，以神意会。这是一件我们必须充分发挥主观能动性才可能做得好的事。

身为下属，上级想什么，我们不知道，上级都直接跟我们说了，我们却听不懂；不善于"领会"上级的"意图"，很难设想这样的下属能够好好工作，能够得到上级的青睐。

▷ 领会上级意图是领导的心理需要

上级在不同的环境下会有不同的、复杂的心理状况。比如，一个上级面对自己的下属行为变化很大，有时是为了显示自己的权威，有时是有意考验下属的能力，有时是刻意给下属出难题等。在不同的情况下，他的心理状态是截然不同的。那么，作为一个下属，就要学会在不同的情况下用心揣摩上级的真正意图，分析上级之所以这样做的真正心理，这样我们才能真正准确地领会上级的想法，才不会背离上级的真正意图，才能把工作做到位，才能想上级所想，甚至把工作做到上级的前头，争取更多的时间。

一个下属必须具备善于预料和揣摩上级心理意图和意愿的能力，更确切地说是一种心理分析的能力。我们常说："我又不是你肚子里的蛔虫，我怎么知道你在想什么。"其实，不是我们不能做他肚子里的蛔虫，只是我们没有用心观察他的举动，没有用心揣摩上级举动背后的心理活动。上级的心理活动必然会在他的言谈举止上体现出来，关键是看我们有没有用心去领会它。同样地，我们也必须拥有这样的心理，才能观察到上级的举动，否则，即使我们注意到上级的举动，也一样揣摩不出上级的真实意图是什么。

毫无疑问，作为一名下属，不善于揣摩上级的心思，没有这个基本职业素质，日子不是过得惶惶不安，就是过得漫无目的。说不定哪句话、哪件事触怒了上级，扣工资、罚奖金还是轻的，弄不好饭碗就没了。

▶ 领会上级意图是提高工作质量的保证

工作质量的高低，将直接影响到整体工作效率、团队业绩乃至团队的发展，还会影响到个人的职业前途。领会了上级的意图，就能在工作中按照更高的标准完成工作。

▶ 领会上级意图可以减少无效劳动

我们要善于领会上级在布置工作、下达任务、发出指令时的本意或精神实质，达到上级要求的某种目的或标准。如果对上级的意图理解不透、把握不准、体现不好，就很难按照领导的旨意完成任务，就有可能走许多弯路，出现许多无效劳动。

三国时的杨修就很会领会上级的意图。曹操战事不利，以"鸡肋"为军营口令。杨修的领悟能力极高，立刻悟出了曹操的用意，完全领会了上级的意图。按理说这对他应该有利，可惜的是，他却把这种聪明拿来炫耀，招致杀身之祸。可见，领会了上级的意图还要有合适的行为才行。

固然，在现在的职场中，即使揣摩错了上级的意图，也不至于落得个杨修那样的下场。但想想看，一个连上级真实意图都无法真正领会的下属，又如何能够得到上级的赏识和重用？那事业的步步高升又从何谈起？

因此，正确理解、领会和把握领导的意图，是我们工作的基本素质，也是发挥好主动性的重要前提。

📇 领会意图的要诀

领会上级意图在我们的工作中占据什么地位？下属应该怎样对待上级的意图？上级的意图就是上级对事情的态度，对事物的看法和立场。如果对上级的意图领悟不透、把握不准、体现不好、处理不当，就很难按照上级的意图办事。作为工作人员，只有正确领会了上级的意图，才能在工作上得心应手、游刃有余。因此，正确理解、领会和把握上级的意图，是所有工作人员的基本素质，也是提高工作效率，当好领导左右手的重要前提。

▶ 领会上级意图的方法

一是听其言。常言道："言为心声"。上级说什么、怎么说、"口风"如何，直接反映其内心的想法。言语不仅是最好的沟通工具，而且是大量信息的载体。对上级的发言以及主要观点和主张，要准确记录下来。对上级口头交代的内容，也要注意反复领会。我们要善于倾听、善于察言观色，对上级的言语要善于记录，特别是上级处理工作时的言语和平时的零星碎语，一定要善于收集，因为这些都能体现出上级对待事情的态度，对事物的看法和立场。只有细心收集才能做到听其言、领其意、思其想、办其要。

二是观其行。行为是一个人的作风最鲜明的体现。它体现着一个人的客观思想动态，上级的意图必然要通过一定的行为方式表现出来。因此，对上级不仅要"听其言"，更要"观其行"，从上级的行为和肢体语言中领悟出上级的思想和主张，分析上级的下一步工作取向，提前备案，未雨绸缪，做到多算于前，少失于后。

三是察其微。善于把握工作中的点滴，从上级的语言、行为和阅批的文件中领悟上级的工作方法和工作思路。注重细节，不放过任何细微之处的信息收集和整理，从细微之处把思维积极地延伸、扩散，把点连成线，将线织成面，做到窥一斑而见全豹。

▶ 纵深化思考，完善上级意图

在平时工作中，由于上级事务繁忙，有时任务的下达也比较简单，只是只言片语和一些初步的想法，作为工作人员，应该充分发挥自己的聪明才智，结合时间、发展趋势、主客观环境来完善上级的意图，为上级提供可行性方案和合理化建议。

首先，与上级要有良好的沟通。对于上级交代的工作，一定要认真倾听，明确工作的目标、程序和所要达到的结果后再着手实施工作。切忌似懂非懂便开始着手工作，这样不仅达不到预期的效果，还会造成不必要的后果。

其次，对上级的意图进行进一步的深化和完善。联系大的方向政策，结合上级的指示和要求，切合实际，运用发展的眼光来深化上级的意图，进一步丰富上级的意图。

最后，纵深化思考，提炼升华上级的意图。上级提出意图后，对工作的每一个步骤进行深度思考，联系实际进行概括、总结、提炼、升华，得出一套符合上级意图的结论，形成一套行之有效的实施方案，收到一个令上级满意的工作效果。

▶ 理解领会上级意图应注意的问题

第一，领会意图时不能一知半解。在接受任务时，有的人实际上并没有真正弄清上级的本意，但怕上级说自己理解能力弱，工作能力差，担心在上级那里留下不好的印象而违心地回答："明白"、"是"。出现落实结果与上级的意图"南辕北辙"的难堪局面，其中很重要的原因就是一开始就没有完整、准确地领会上级的意图。

第二，理解时不能生搬硬套。有的人在理解上级意图时习惯于照话直录，机械照搬，从表面上孤立地去理解，也有的拘泥于只言片语，片面咬文嚼字。缺乏连贯思维和综合思考，往往只能依葫芦画瓢，挖掘不出深层次的东西，只能生产出"半成品"。要创造性地领会好上级的意图，就要努力提高思维层次，拓宽思维渠道，善于集思广益，不断积累学习，否则就难以心领神会。

第三，贯彻时不能唯命是从。有的人在理解上级意图时缺乏正确的分析和深思熟虑，有顺风倒的现象，把自己放在被动的位置，上级说什么是什么，建议不敢提，问题不敢指，见解不敢说。表面上看这是对上级负责，实际上是对上级的不负责。要从实际情况出发，在不违背上级指示原则的基础上，提出自己的看法和建议，研究出符合实际情况的具体方案，完善上级的思想，为上级查缺补漏。事实上，多数上级都是喜欢广开言路、博采众长的，只要问题提得准，方法适度，上级是会虚心接受的。

第四，处置时不能固执己见。有的人在领会上级意图时，为上级服务的思想不够牢固，不管上级好恶，喜欢用自己的"口味"取舍，把自己的意志强加于上级身上。更有甚者，自视自己水平高、能力强，对上级的意图随意发挥，这就更不对了。当自己的观点与上级意图有分歧时，最好适时提出有理有据的建议，供上级参考，最后还得由上级定夺，不能先斩后奏，喧宾夺主，更不能我行我素，固执己见。

总之，准确领会、把握上级意图的过程，是一个在学习实践中不断摸索、积累、总结、提高的过程，不可能一蹴而就，必须坚持不懈地在干中学，在学中干，努力掌握领会、把握上级意图的技巧，提高工作的质量。

领会上级的眼神

上级不说话，我们也能察觉他的心态，透过他的眼神这些都能看得清清楚楚。这一点从医学上来看也是说得通的：眼睛在人的五种感觉器官中是最敏锐的，大概占感觉领域的70%以上，眼睛传达出的含义也占所有感情流露方式的70%以上。俗话说，"眼睛是心灵的窗户"。职场里的眼神语言，能显示出一个人的内心世界。上下级之间的眼神交流，更能无声地传达出他们之间的关系如何、默契与否。我们身在职场，又该如何领会上级眼神里的含义？

上级不看着我们，这并非是个好迹象，他想用不重视来惩罚我们，说明他内心不想评价我们。上级从上到下看了我们一眼，则表明其优势和支配感，还意味着自负；上级久久不眨眼盯着我们看，表明他想知道更多情况；上级友好地、坦率地看着我们，甚至还眨眨眼睛，则表明他同情我们，对我们的评价比较高或者他想鼓励我们，甚至准备请求我们原谅他的过错；上级用锐利的眼光目不转睛地盯着我们，则表明他在显示自己的权力和优势；上级只偶尔看我们，并且当他的目光与我们相遇后马上躲避，如果这种情形连续发生几次，表明面对我们，这位上级缺乏自信心。

在交谈时，怎样从上级的眼神和视线里探出对方的真实动机？我们看上级的眼睛，也是注意看他的眼神。

● 上级眼神沉静，便可明白对于我们着急的问题，他早已成竹在胸，稳操胜券。如果他不肯明说，不必多问，只静待他的发落便是。

● 上级眼神散乱，便可明白他也是毫无办法，徒然着急是无用的，向他请示，也是无用的。得平心静气，另想应对的办法，不必再多问，多问这只会增加他六神无主的程度，这时是我们显示能力的机会，快快自己去想办法吧！

● 上级眼神横射，仿佛有刺，便可明白他异常冷淡，应该借机退出，即使多逗留一会儿也是不适当的，应退而研究他冷淡的原因，再谋求恢复感情的途径。

● 上级眼神阴沉，应该明白这是凶狠的信号，与他交涉，须得小心一点。也许他在我们的背后另有算计。

● 上级眼神流动异于平时，便可明白他是心怀诡计，想给我们点儿苦头尝尝。这时应步步为营，不要轻易接近，前后左右都可能是他安排的陷阱，一失足便跌翻在他的手里。不要过分相信他的甜言蜜语，这是钩上的饵，是毒物外的糖衣，要格外小心。

● 上级眼神呆滞，唇皮泛白，便可明白他对于当前的问题惶恐万状，尽管他们口中说不要紧，却一点儿也想不出办法来。我们不必再多问，应该考虑应付办法，如果已有办法，应该向他提出，并表示有几成把握。

● 上级眼神似在发火，便可明白他此刻是怒火中烧，意气极盛，如果不打算与他决裂，应该表示可以妥协，速谋转机。否则，再逼紧一步，势必引起正面的激烈冲突了。

● 上级眼神恬静，面有笑意，明白他对于某事非常满意。要讨他的欢喜，不妨多说几句恭维话，要有所求，这也是个好机会，相信这时一定比平时更容易满足我们的希望。

● 上级眼神四射，神不守舍，便可明白他对于我们的话题已经感到厌倦了，再说下去也无效果，应该赶紧告一段落，或者乘机告退，或者寻找新话题，谈谈他所愿听的事。

● 上级眼神凝定，便可明白他认为我们的话有听的必要，这时应该照我们预定的计划，婉转陈述，只要见解不差，办法可行，他必然是乐于接受的。

● 上级眼神下垂，连头都向下倾了，便可明白他是心有重忧，万分苦痛。不要向他说快乐的事，那反而会加重他的苦痛，也不要向他说痛苦的事，因为同病相怜越发难忍，只好说些安慰的话，并且从速告退，多说也是无趣的。

● 上级眼神上扬，便可明白他是不屑听我们的话，无论我们的理由如何充分、说法如何巧妙，还是不会有高明的结果，不如戛然而止，退而求接近之道。

透过心灵的窗户，我们会感受到与上级交往的便利之处，尤其谈话时要看着上级的眼睛。当然不必一直盯着看，这既是一种社交的礼仪，也表示我们对上级的尊重，对眼神的把握能够帮助我们更好地领会上级的意图。

领会上级的肢体语言

和眼神一样，透过肢体语言也能让我们知晓上级的内心世界，了解他所说的内容是否就是他的真实想法。在肢体语言表达情绪时，许多当事人经常并不自知。一个人要向外界传达完整的信息，单纯的语言成分只占7%，声调占38%，另外的55%信息都需要由非语言的肢体来传达。因为肢体语言通常是一个人下意识的举动，所以它很少具有欺骗性。只要我们善于观察上级的肢体语言，就能很容易地领会上级的意图。

● 双手合拢，从上往下压，表明上级想使其内心平静下来；双手叉腰，双肘向外，这是古典体态语，象征着命令式，同时也意味着在与人接触中，他是支配者；当上级舒适地向后靠，双手交叉在脑后，双肘向外，是自负的表现；当上级伸出食指，则表明他是支配者，有进攻性；当上级的双手平静地放在背后时，则表明他具有优越感；当上级拍拍我们的肩后部时，表明他真诚地赞许你；如果上级拍拍我们的肩前部时，或从上往下拍，则表明上司倨傲而又显示宽容，这些动作表明他是支配者；两个食指并在一起，放在嘴边，其余手指交叉在一起，与两个食指形成了一个锥体，这表明在我们讲话前，上级已做好了拒绝的准备；上级握紧拳头意味着不仅想威胁对方，还要为自己辩护。

● 上级坐稳后两腿张开姿态懒散，表明上级经常豪言壮语，头脑中想的事情经常是被夸大了的。坐下时膝部紧靠，致使双腿呈X字形，表明上级比较谨慎，犹豫不决，缺少豪气。坐下手臂曲起，两脚向外伸，表明上级的决断力十分迟钝，会经常与下属闹矛盾。将椅子转过来，跨骑而坐，表明上级已经准备拒绝我们了。

● 上级双腿交叉站立，表示对我们的意见持保留态度或轻微拒绝的意思，也是感到拘束和缺乏自信心的表示。上级双手插入口袋站立，表明他不坦露心思，正暗中策划、盘算，很自信，也很孤傲。上级靠着墙壁、树木站立，通常比较坦白，准备接纳下属的建议。上级双腿叉开的站姿，是具有自信心和心理上优势的表示，暗示着上级的领导力和权威。上级双手交叉抱在胸前站立是典型的拒绝、不合作的姿势。上级背脊挺直、胸部挺起、双目平视站立，说明他有充分的自信，意志坚定、勇于承担压力。

● 上级把香烟夹在食指和中指的指尖上，表明他心情比较平静、踏实，此时他容易接受下属的意见。上级把香烟夹在食指和中指的指缝里，表明他自我意识很强，此时极易误解和反感下属。上级用拇指、食指和中指拿着香烟，此时他性情较冷淡，内心骄傲、会让人不快。上级拇指、食指、中指捏住香烟，烟头朝向手心，烟嘴朝外，表明此时他比较谨慎，防御心理重。上级正抽得起劲，频繁地把烟灰抖到烟缸里，表明他正面临精神压力，多来源于不能轻松对待的事情，心里过于紧张。上级等烟灰很多时才会抖落，表明对目前的工作缺乏足够的精力，本质很小心翼翼。当烟灰够一定长度的时候，上级就抖在烟缸里，表明上级很满意下属的工作状态。上级敲打烟头，把有火的部分在烟缸里弄灭，表明上级想附和下属。上级把烟很直地按在烟缸里捻灭，表明他想按制度处理眼前的事。上级把烟头折成弯弄灭，表明他想否定先前说的话。上级对烟头没掐灭也不在意，表明他以自我为中心，不准备支持下属的工作。

了解上级的肢体语言，不仅帮我们识人、观相、察心，更让我们透彻地认识上级，让我们与上级的每次沟通都变成有趣的智慧交锋。如果我们在工作中，没有从上级的语言中明白他的想法，那么我们可以通过对肢体语言的分析领会到上级的意图。事实上，肢体语言在大多数时候比真正的语言更能使我们了解上级，包括上级的性格、情绪、思想等。

领会上级批评的意图

如果上级单独召见我们，委婉或者严厉地提出了对我们的批评意见。我们既不要激动，也不要情绪低落。没有哪个上级愿意把批评、训责下属当成自己的乐趣。上级在提出批评时一般都是比较谨慎的，不会无故地与下属翻脸。他的"批评"一定是有原因的，或对或错，都表明上级对我们某些地方的不满意。因此，被批评时应该认真对待，首先抱着自责和检讨的心理去接受批评。如果上级给我们提出了一个具体的意见，我们就要注意，这个一定是上级最在乎的。比如，上级说"我希望你以后要把精力多放在业务上"，说明上级对我们的业务表现不够满意；上级如果说"希望你以后多和同事好好沟通"，说明他对我们的人际沟通能力不满意。我们就一定要改，否则即使我们换单位，照样会有同样的问题存在。

从另一个角度讲，上级一旦批评了下属，就有一个权威问题和尊严是否受尊重的问题。如果我们不认真对待他的批评，把训斥当耳旁风，依然我行我素，其效果也许比当面顶撞更为糟糕。因为，那样会让上级面子尽失，让上级觉得我们的眼里没有他。

一个懂得职场规则的下属，在受到上级批评时，应尽可能保持谦逊的姿势、虚心的神情、眼神不随意飘动，表现出对上级批评的专注。对上级的批评要虚心接受，我们要正确面对上级对我们的诚恳意见，这是我们提高自身竞争力的一个途径，我们要领会上级批评我们的良苦用心。对上级的批评我们要做到以下几点：

➤ 不要不服气和牢骚满腹

让上级觉得自己被信赖和尊敬，最直接的表现是下属愿意听他"耳提面命"。但是，如果我们不服气，发牢骚，会让我们和上级的感情距离拉大，关系恶化。

事实上，上级的"耳提面命"也含有忠告、指导和鼓励的意味，可以看作是对我们的重视和激励，希望通过批评的手段促使我们进步和发展。如果下属表现出很不服气的态度，满腹牢骚，不仅无法领会上级的好意，还会招惹上级的嫌恶，一点儿好处也没有。

退一步来说，即使上级对我们的批评没有什么指导意义，只是一次简单的训斥，也可以恰当地处理，利用好它。让它成为我们走进上级视线，受其关注的一次契机。这些总比我们发牢骚，引起上级与我们对立的结果要好得多。

➤ 切勿当面顶撞

下属在公开场合受到上级的批评指责，难免会觉得难堪。特别是觉得上级的指责没有道理的时候，可能会为了自己的面子失去冷静，反驳上级的批评以显示自己的无辜。一时的"英雄"壮举，换来的可能仅仅是同事的一丝同情，留给上级的却是加倍的震怒和斥责，最终受害的还是自己。

俗话说，"忍一时风平浪静，退一步海阔天空"。就当上级的一顿责骂是一场暴风雨，风暴过后自会平息，何不审时度势，选择回避。要学会压制自己的情绪，理智地看待是非，特别是在上级面前。

我们都觉得自己下不了台，那反过来想想，如果当面顶撞了上级，上级同样也下不了台。如果我们能在上司发威时给足他面子，起码能说明我们大气、大度、理智、成熟。只要上级不是存心找我们的碴儿，冷静下来他一定会反思，我们的表现会给他留下深刻而难以磨灭的印象，他的心里会有歉疚之情。

▷ 不要把批评看得太重

时常有这样的员工，遭受上级的批评后，就像霜打的茄子一样，充满悲观情绪，把上级的批评当作世界末日。

其实一两次受到批评并不代表自己就没前途了，更没必要觉得一切都完了。上级批评我们主要还是针对我们所犯的错误，除了个别有偏见的上级外，大部分上级都不会刻意针对某个下属的。

上级的本意是通过责备让我们意识到错误，避免下次再犯，如果受到一两次批评就一蹶不振，打不起精神，这样才会让上级看不起，可能不会再信任和提拔下属了。

▷ 受到批评不要过多解释

受到上级批评时，反复纠缠、争辩是没有必要的。一个把上级搞得筋疲力尽的人，又谈何晋升？一名合格的员工，在遇到上级的批评时，要明白这一点：上级看到的只有结果，他没必要听下属叙述如何导致那样的结果。

如果上级的批评中有我们所能立刻明白的道理，最好在上级批评完后，将被指责事项逐一复诵，并尽可能地陈述善后对策或改善方法，诚恳地请求上级给予指导。如果有机会的话，在事后可以对上级的批评加以感谢。下属能完全接受教训、理解上级的"苦心"，且积极地谋求改善，对批评心存感激，对上级而言，是再高兴不过的事了。即使我们真的做错事情，上级也会觉得我们是可以原谅的。上级的批评，也是上级对我们的要求和期望，领会上级批评的意图，能帮助我们更好地开展工作。

做好上级交代的工作

　　一位缺乏工作经验的下属，自然无法期望上级将重要的任务交由他来承担。换言之，刚刚进入职场，接手的工作往往以一般的杂务居多。这种情况对于刚刚踏入社会、雄心勃勃准备一展才干的年轻人来说，极易令他们产生不满。可是无论心中是多么不乐意，也不要让这些想法溢于言表。从上级的角度来讲，培育一名新人不容易，必须由基础开始，让他们一点一滴地学习工作内容，等到了一定程度后，才逐渐委以重任。我们明白了这一点，便会自觉地做那些琐碎的杂务了。

　　我们在工作中不断学习业务知识，提高业务水平，运用智慧，随时保持警觉，耐心地处理工作，这样才能成就大业。我们必须将理论和实践相结合，当上级分配给我们某件工作时，我们必须高度重视，进行事前的准备，也就是拟订工作计划，无论是做出一份计划表，或仅仅是一个想法。总之，我们需要对整个工作排出日程、进度，并拟定执行的方法等。如此才能提高工作效率，完成上级交给我们的工作，成为上级眼中的好下属。

—— 具备做事务性工作的素质 ——

　　事务性的工作覆盖范围非常大，小到收发邮件、保持办公室卫生、接打电话等技术含量比较低但需要耐心的工作项目；大到写公文、下发通知、会议筹备、会议总结报告、人事招聘以及财务核算等复杂的、技术含量比较高的工作内容。这些都是我们工作中经常遇到的，有些虽然不属于我们的分内工作，但我们也会偶尔承担几次，能做各种事务性工作也是我们综合能力的体现。

因此，要游刃有余、恰如其分地处理各类事务，就必须掌握必要的事务性工作的处理方法和技巧。从处理日常具体事务、辅助决策到重大活动的组织协调、领导交办的各类复杂问题都需要我们灵活掌握。可谓面面俱到、事无巨细，特别是对其中一些棘手事务的处理，更需要我们具有冷静的头脑、科学的方法、高超的协调能力和灵活的人际关系处理技巧。

事务性的工作涉及方方面面，无论哪种类型的工作，对人员的素质要求都离不开以下几方面：

▶ 思想政治素质

要有坚定的政治立场和较高的理论素养；同时要有高度的事业心和责任感；要有民主意识和大局意识，尤其是在党政机关工作的人，思想政治素质更是一把衡量个人进步、落后的尺子。

▶ 职业道德素质

职业道德是与我们的职业活动紧密联系的、具有自身职业特征的道德准则，是职业范围内特殊的道德要求。因此，我们应该具备良好的职业道德修养，要有奉献精神、敬业精神。

▶ 文化业务素质

随着信息化、网络化、高科技化等手段在工作和管理中的不断运用，仅靠对工作的热心付出和奉献精神是远远不够的。要具备广博的知识面、丰富的经验、较强的业务能力。不能纸上谈兵，还应善于理论联系实际，注意积累相关的工作经验。许多事务性的工作往往体现出个人的综合能力，要求承办者知识的多样化。

▶ 组织管理素质 _____

　　每一项事务性工作中的人都是该工作的组织者和管理者，不要单纯地把自己定义为一个只会执行命令的人。组织管理素质也是职场人必备的素质之一，而且这个素质还关系到个人的前程。组织管理素质包括筹划和决断能力、组织协调能力、人际交往能力、开拓创新能力等。

▶ 心理身体素质 _____

　　心理身体素质是不可忽视的素质，它要求职场人具有积极的心态、坚强的意志、自信的性格、宽宏的度量、健康的体魄。

　　尽管我们可能不完全具备上述这些素质，但可以向这些方面努力，逐渐培养这些素质。除此之外，我们有必要再了解一下事务性工作的主要特点。

　　第一，多样琐碎性。从接听电话、接待来访、车辆安排、福利发放、文件处理、档案管理到承办领导临时交办的其他事项，所有这些都属于事务性工作内容，可谓千头万绪，很多时候做下属的工作就是这样，不得不埋首于"事务堆"里，花费大量的时间、精力去应对。这些事务性工作往往又是具体、琐碎的，而且很容易出错，完成了这类事务性工作常常不为人所知，难见成绩，而一旦处理不好就可能使上级的工作甚至整个部门的正常运行受到影响。

　　第二，随机突发性。我们通常按照既定的工作计划和工作步骤开展日常工作。但是，即使将计划制订得很完美，考虑得很细致，也常常会因突发事件的出现而打乱整个工作部署。有些下属不得不临时充当"灭火员"的角色，迅速调整策略，处置临时性、突发性事件。

　　第三，领导指派性。下属工作的核心就是完成上级分配的工作，除了要高质量地完成各项分内工作外，还必须完成上级临时交办的其他事务，甚至是上级委托办理的私事。

　　事务性工作的以上几个特点往往是相互交织在一起的。因此，只有掌握了处理事务性工作的多种方法和途径，增强处理的艺术性，才能充分发挥我们的工作能力，履行好下属的职责。结合工作的实际，这里简要介绍几种提高处理事务性工作素质的方法：

⟩ 建立台账法

我们在工作中建立必要的台账，使杂乱无章的事务性工作从无序走向有序，是处理好各类事务的一种有效手段和基本方法。可运用办公自动化手段，借助数据库管理软件，分门别类地建立各项数据库，用于事务性工作管理。平时做好数据的管理、维护和更新，就能在需要时及时调用，做到有备无患、高效快捷。

⟩ 追根溯源法

此法主要适用于对上级交办的各类突发事件的处理。因处理此类事件往往不属于我们的职责范围，作为下属也不便追问上级，这在一定程度上增加了处理的难度。我们可以借鉴早先的处理模式，查找当时处理此类问题的解决办法。

⟩ 触类旁通法

我们工作的出发点和落脚点都是为了更好地为工作服务，不仅要做好事务性工作，更要通过对具体琐碎事务的处理见微知著、举一反三，为上级提供更高层次的服务。比如，通过对仓库管理进行综合分析，及时向上级提出建设性的意见，使上级取得更多的工作主动权。

⟩ 个人日志法

作为一名普通员工，每天都要处理大量的事务性工作，只有安排好自己的时间，用有限的时间和精力集中处理重要事务，才能避免在琐事上纠缠，从而收到事半功倍的效果。注意运用个人信息管理软件处理日常事务，妥善地管理个人的通讯录、名片、联系人等信息，还可以管理个人日记、日程安排、待办任务以及备忘录信息，特别是它对待办事务具有定时提醒功能，使用后可以极大地提高工作的计划性、条理性。

⟩ 综合处理法

在日常工作中，将事务性工作按照轻重缓急进行排列，优先处理重要的事和急事，对一些不重要、不紧急但又必须办的事务，采取合并同类项的方法有计划地进行处理，可以收到事半功倍之效。比如，在处理文件时可暂缓处理一般性传阅文件，待紧急文件来时一并送给上级，这样既节省了来回送文件的时间，又可避免因琐事而频繁地打搅上级。

▶ 授权委托法

在特殊的情况下也可将一些事务工作委托其他同事处理，以集中精力处理难事。比如，可把文件复印、装订等简单的操作性事务交给关系比较好的同事完成。

总之，只要我们在平时工作中多积累、善总结，遇事沉着冷静、胆大心细，就能不断提高处理事务性工作的艺术，履行好下属的职责，赢得上级的认可。

——— 做好接待工作 ———

对任何一个单位来讲，日常接待工作通常都居于十分重要的位置。接待工作要求我们礼仪当先、以礼待客，尤其是对远道而来的客人或者是身份重要的宾客。我们的接待工作往往代表了单位的形象，尤其是我们代表上级接待某些客人时，就更需要掌握接待工作的技巧。相信没有谁愿意自己给上级留下不好的印象，在社交场合因为失礼而成为客人关注的焦点。由此可见，掌握接待礼仪就显得非常必要了。

对于来访的客人，无论是事先预约的，还是未预约的，都应该亲切欢迎，给客人一个良好的印象。如果客人进门时我们正在接打电话或正在与其他的客人交谈，也应用眼神、点头、伸手表示"请进"等身体语言表达我们已看到对方，并请对方先就座稍候，而不应不闻不问或面无表情。

如果手头正在处理的紧急事情还需要几分钟时间，可以先告诉对方："对不起，我手头有紧急事情必须马上处理，请稍候"，以免对方觉得受到冷遇。遇有重要客人来访，我们需要到单位大门口或车站、机场、码头迎接，且应提前到达。当客人到来时，我们应主动迎上前去，有礼貌地询问和确认对方的身份，如："请问先生（小姐），您是从××来的吗？"对方认可后，我们应作自我介绍，如："您好，我是××"或"您好，我叫××，在××单位工作，请问您怎样称呼？"介绍时，还可以互换名片。如果客人有较重的行李，还要伸手帮助提携。到达单位后，要给客人引到座位，请其落座，迎接以客人落座而告终。当客人落座后，要主动地用干净杯子为客人倒水并双手递上，手指不能触及杯口，并应有礼貌地说："请喝水。"

此时，我们可以与来访客人进行简单的语言交流，在交谈时，必须精神饱满，表情自然大方，语气和蔼亲切。交谈时要保持适当的距离，不要用手指指人或拉拉扯扯。要善于聆听来访客人的谈话，目视对方以示专心。谈话中要使用礼貌语言和注意内容，一般不询问女士年龄、婚否；不径直询问对方的私生活以及宗教信仰、政治主张等问题；不宜谈论自己不甚熟悉的话题。在问清来访者的身份、来意后，需要上级出面会见或其他部门人员出面会见的，要在请示上级并得到上级同意后为其引见。

在带领客人引荐时，要配合对方的步幅，在客人左侧前一米处引导。在引路时，上身稍向右转体，左肩稍前，侧身向着来客，保持两三步距离，可边走边向客人介绍相关情况。转弯或上楼梯时，先要有所动作，让对方明白所往何处。到达会客室或上级办公室前要指明"这是会客室"或先说声"这里就是××办公室"。进门前应先叩门表示礼貌，得到允许后，把门打开，左手扶门，右手示意"请进"。如果门是向外开的，我们拉开门后，让客人先进入；如果门是向内开的，推开门后，自己先进入，再请客人进入。通常叫做"外开门客先入，内开门已先入"。到会客室或上级办公室后，引导客人就座时要遵守"右为上，左为下"的礼节，用手势示意客人，请客人坐在上座。

当上级与客人见面时，如果是第一次来访的客人，我们应简洁地将双方的职务、姓名、来访者的单位和来访的主要目的作一下介绍。如果双方已是熟人，多次见面打过交道，则可免去这一过程。要注意介绍时的基本礼节：

● 站立介绍，不要背对着任何一位。

● 介绍的先后顺序，总的原则是"四先四后"：先将男士介绍给女士、先将年轻者介绍给年长者、先将地位低者介绍给地位高者、先将客人介绍给主人。例如，"王主任，请允许我介绍一下，这位是××小学的孙校长"。然后，面朝孙校长说："孙校长，这位是××教委的王主任。"如果把一个人介绍给众人时，首先应该向大家介绍这个人，可以说："诸位，请允许我把××小学的孙校长介绍给大家"。或者说："我很荣幸地向大家介绍一下，这位是××小学的孙校长"。然后再把众人逐个介绍给这个人。当把大家介绍给一个人时，其介绍可以按照座位次序或职位的高低顺序一一介绍。介绍的内容主要是被介绍人所在单位、部门、职务、姓名等，尽量简明，不作渲染。

● 介绍时，手势动作应文雅、礼貌。手臂向被介绍者微伸，手心向上，四指并拢，拇指张开，切不可伸出一只手指指点点地介绍。

● 介绍完毕后，可请示上级是否还有吩咐，或为双方送上茶水后即有礼貌地告退。出门时，面向室内轻轻地将门带上。

当上级与客人交谈完毕或上级与客人会见结束，我们都应有礼貌地送别客人。"出迎三步，身送七步"是迎送宾客最基本的礼仪。当客人告辞时，我们应马上站起来相送。一般的客人送到楼梯口或电梯口即可，重要的客人则应送到办公楼外或单位门口。如果以小轿车送客，还要注意乘车的座次。小轿车后座右位为首位，左位次之，中间位再次之，前座右位殿后。上车时，人右座进右门，人左座进左门，不要让客人在车内移动座位。送客时，我们应主动把车门打开，请客人上车并坐在后排右侧。不过，如果停车位置不便于客人从右侧上车，也不必再让客人往右边挪过去，这样反而不自然。

送别是决定客人能否满意离开的最后一个环节。因此，能否将这最后一个环节的工作做好，是我们能否善始善终地接待好来访者的具体体现。送要有送的语言，要说"再见，欢迎您下次再来"、"慢走"等礼貌用语。送也要有送的姿态和行为，当客人带有较多或较重的物品，我们应帮客人代提重物。与客人在门口、电梯口或汽车旁告别时，要与客人握手话别。要以恭敬真诚的态度，笑容可掬地送客，目送客人离开。

——— 注意接待客人的细节 ———

无论是单独接待客人还是陪同上级一起接待客人，还有一些细节问题需要我们注意。比如，我们接待第一次来访的客人，可以说："您好！见到您很高兴。我是××办公室的××，请问您有什么事情需要我帮忙吗？"对于曾经来过的客人，相别甚久，见面则说："您好吗？很久不见了。"客人即将离去时，应主动对客人说："请对我们的工作提出宝贵的意见。"分别时，则说："再会"、"再见"，或说"祝您一路顺风"等。

接待客人时的称呼，应视具体环境、场合，并按约定俗成的规矩而定。目前，在国内，政府机关多通称"同志"；在企业界和社交场合多称男性为"先生"，称女性为"小姐"或"女士"；知道其职务时，在一定场合也可称职务，如"×处长"、"×经理"、"×总"等。用恰如其分的称谓来称呼客人，是我们职业素养的一种表现，也是我们与客人交谈的良好开端。

按传统习惯，我们在接待来客时的礼节一般是握手。宾主之间，我们有向客人先伸手的义务，主动、热情、适时的握手会增加亲切感。不过，握手时还应注意以下几点：

● 通常情况下，应由主人、年长者、职位高或女士先伸手，而客人、年轻者、身份低者或男士先表示问候，待对方伸出手后，立即回握。如果是一个人需要同许多人握手，那么最有礼貌、符合礼节的顺序是：先女士后男士，先长辈后晚辈，先上级后下属。

● 行握手礼时，距离受礼者约一步，上身略微前倾，伸出右手，拇指张开，其余四指并拢，在与腰际同高的位置，与对方伸过来的手认真一握。礼节性的握手，持续时间以3秒钟为宜，礼毕即松开。

● 握手时，应双眼注视对方，千万不要一边握手一边斜视他处，也不要边握手边拍打对方的肩膀。当来客不止一人时，可一一握手，但不要交叉握手。握手时，用力要适中，不要握得太用力、太久，那样会显得鲁莽冲动或太过热情，也不要握得太无力或太轻，那样会显得不够诚恳热情。

● 握手时，应伸出右手，决不能用左手，也不宜戴手套，如因故来不及脱掉手套，应向对方致歉。

● 握手时，手要干净，不能伸出脏手，使对方难堪。另外，手上有汗的人，在握手前应先将手擦干，否则也会使对方感到很不舒服。

● 如果女士不打算与自己握手，可以欠身微笑致意，但不能视而不见或转身就走。无端地不与他人友好而善意地握手不仅是失礼的，而且会被看做是缺乏教养的。

接递名片时，也要注意礼节。客人递过来名片时，应用双手接住。接过名片后，要认真仔细地看一看，并小声重复一遍名片上的名字及职务，以示确认。同时，还要向对方表示感谢。然后，很郑重地把名片放入名片夹内或放进上衣上部的口袋里。千万不要看也不看即装入口袋，也不要顺手往桌上一扔，更不要往名片上压东西，这样对方会感到受轻视。如需要交换名片时，可以掏出自己的名片与对方交换。递送名片时，要用双手的食指和拇指分别夹住名片的左右端递过去，名片中字的正面应朝向对方，便于对方立即阅读。

我们不要生硬地向客人索要名片，而应以请求的口气说："假如您方便的话，是否可留下名片，以便今后加强联系？"可以含蓄地向对方询问单位、通信处、电话号码等，如果对方带有名片，就会自然地送上。

此外，还有一些接待细节，接待过程中的次序礼仪要求我们注意：

● 就座时，右为上座。即将客人安排在上级或其他陪同人员的右侧。

● 上楼时，客人走在前，我们走在后；下楼时，我们走在前，客人走在后。

● 迎客时，我们走在前；送客时，我们走在后。

● 进梯时，有专人看守电梯的，客人先进，先出；无人看守电梯的，我们先进，后出并按住电钮，以防电梯门夹住客人。

● 奉茶、递名片、握手、介绍时，应按职务从高至低进行。

● 帮助宾客关车门时，动作要恰到好处，不能太重，也不能太轻。

● 车门关好后，不能马上转身就走，而应等宾客的车辆启动时，面带微笑，挥手告别，目送车子离开后才能离开。

这些接待工作的小细节最能体现出一个人的职业素养，我们接待工作的成功与否很多时候依赖于这些细节之处。上级信任我们，给我们锻炼的机会，我们就要认真做好每一个环节。

清楚宴请宾客的流程

宴请是一种社交、礼宾活动，也是职场活动的一个重要程序。很多大的合作、洽谈、会议、竣工典礼等都伴随着大型的宴请活动。宴请客人也是我们陪同上级工作的一部分，职场离不开宴请，宴请可以根据工作需要随时进行，宴请客人我们必须事先做出周密的筹划与安排，这是非常锻炼我们能力的一项职场应酬。宴请的具体工作主要有以下内容：

确定宴请的对象、范围和规格

根据宴请的目的，与上级确认被邀请的宾客名单；根据宴请的目的和宾客的社会地位、职务身份，确定宴会的规格。这个环节有上级为我们把关，我们的任务还轻松一些。

确定宴请的时间

时间的安排应充分考虑主、宾双方都较为合适的时间，有时若实在难以兼顾，理所当然地应考虑宾客的安排，一般不宜安排在重大节日、重要活动或有禁忌的时间。这个时间的安排基本靠我们的沟通来确定，沟通中要注意语言上的礼节。

确定宴请的地点

如果是官方的、隆重的宴请活动，一般安排在政府、议会大厦或宾客下榻的宾馆内举行。其他组织的宴请，有条件的可在本单位的宾馆或附近的饭店、宾馆内进行。要考虑宾客的级别，级别高的安排在高级饭店或酒店；一般级别的，则根据情况安排在适当的饭店进行。还要考虑宴请对象，对文化素质高、有一定身份的宾客，宴请地点的卫生和环境尤其要讲究。

👤 印制分发请柬

邀请宾客参加宴请的请柬可用红色或粉红色卡片印制，写清参加宴会的时间、地点、名称以及受邀人姓名，如需对方给予回复，应写清"恭候佳复"等字样。请柬要提前送达，以表诚意，也可给对方准备的时间。非正式的便宴可不发请柬，直接打电话做口头邀请即可。

👤 布置宴会厅

宴会厅和休息厅的布置，取决于活动的性质和形式。官方正式活动场所的布置，应该严肃、庄重、大方，不宜用霓虹灯作装饰，可用鲜花、盆景、常青树等作点缀。如配有乐队演奏国歌或席间乐，乐队不要离得太近，乐声宜轻，最好能安排几位主宾都喜欢的乐曲。宴会休息厅通常放小茶几或小圆桌，与酒会布置相同。

👤 菜谱安排原则

宴请时的菜谱要根据宴请的性质、目的、形式与规格，在经费预算标准内合理安排。菜谱的安排一般有四条原则：一是主随客便。选菜的依据主要是宾客的口味喜好，选当地的特色菜也可以。二是搭配合理。包括荤素搭配、营养构成搭配、时令菜与传统菜肴的搭配以及菜点与酒品饮料的搭配，力求合理。三是营养平衡。西餐要讲究主菜配菜、海味肉食的协调，中餐应荤素搭配、南北口味搭配。四是量力而行。按照经费的预算，合理确定菜肴的品种、数量与价位等。在这里要注意突出菜品特色、菜肴的精致可口、赏心悦目；要事先了解客人的饮食习惯、禁忌；还要注意冷热、甜咸、色香味的搭配。

合理安排桌次和座次

宴请时的座次，尤其是正式宴请的座次，是表达主方对宾客的礼遇和尊重，因此我们要注意恰当安排赴宴人员的座次。总的原则，既要按礼宾次序的原则作安排，又要有灵活性，使座次安排有利于宾主席间的交谈进而增进宾主的友谊。宴会一般都要事先安排好桌次和座次，使参加宴会的人都能各就其位。座次的安排也能体现出对客人的尊重。桌次地位的高低，以距主桌位置的远近而定。以我们的上级就座的桌子为基准，右高左低，近高远低。在安排座位时也要注意礼节，以上级的座位为中心，右上左下，依次排列。把主宾安排在最尊贵的位置，即主人的右手位置。陪同人员，尽可能与客人相互交插，便于交谈，更可避免自己人坐在一起，冷落客人。如果主宾是外国人，翻译安排在主宾的右侧。桌次确定后，座次卡和桌次卡放在桌前方、桌中间。这个环节非常关键，拿捏不准的一定要和上级商议，最后再把所有的桌次和座次名单让上级过目。

宴请程序

我们一般在大门口迎接客人。视宴会重要程度，还可以有其他人员陪同上级排列成行迎接客人。上级陪主宾进入宴会厅，全体人员落座，宴会开始。入席后，我们应招呼同桌客人进餐，并率先给客人敬酒。敬酒时可依序逐一敬遍全席，可以不分地位和身份的高低。席间我们要引导客人愉快地参与交谈，巧妙地选择话题，使席间充满和谐、愉快的气氛。

当上级与主宾用餐完毕

重要客人准备离开宴席，我们起立，宴会即告结束。客人告辞，我们陪同上级送至门口，与客人握别。

宴请不在于吃什么，讲究的是双方气氛的和谐，对客人的尊重。我们要习惯"宴请"这一职场重头戏，不仅可以展示我们的沟通能力，也能让我们接触到不同行业、不同背景的成功人士，学到许多经验，积累我们的人脉。因此，必须重视宴请工作的重要性，如果感觉自己在宴请客人方面存在不足，要想办法加以改善。

准备好会务工作

职场社会，会议是领导机构进行决策和管理，实现领导职能的一种重要方式。这种活动方式已经被广泛应用于政治、经济、科学文化以及社会生活的各个领域。我们都清楚会议的重要性，也参加过不同类型的会议，如果上级让我们筹备一次会议，我们应该注意哪些事情？

会务工作是一项复杂的系统工作，也是一个考验职场人综合能力的过程。在筹备中，稍不注意就会出现难以弥补的差错，造成不良影响。会务工作水平的高低，直接影响会议的质量和效果。因此，要想做好会务工作，应抓好以下三方面工作：

会前筹备工作

会前筹备工作做得是否充分，直接关系到会议的成功与否。据统计，会前筹备的效果占会议有效性的70%。可以说，高质量的会前筹备工作是会议质量的保证，是会议成功的前提。因此，必须以高度的责任心做好会议筹备工作。会前筹备工作主要包括拟订会议计划、组建会务班子、准备会议材料、安排会议后勤保障和布置会场。

拟定会议计划

拟定会议计划是会前筹备的第一步。它指的是拟订会议议程、日程。会议议程是为完成议题而作出的顺序计划，即会议所要讨论、解决的问题的大致安排。拟订会议计划通常是由决策层，如直接上级、单位主管、上级主管单位等议定草案，然后交由会务组具体办理。待上级将这些都确定好之后我们就可发出会议通知，通知内容包括会议名称、内容、会期、时间、地点、与会人员范围等。

组建会务班子

组建会务班子是会前筹备的第二步。如果会议的规模相对较大，持续时间较长，便会有相当繁杂的会前筹备事项。这就需要事先成立一个筹备委员会来负责会议的所有筹备工作。可以根据会议的规模、议程等情况成立筹备委员会，人员可以根据实际需要抽调不同部门的人参与，确定人员，明确分工，层层负责，并定期碰头交流工作进展。

准备会议资料

准备会议资料是会前筹备的第三步。会议资料包括领导资料（会上学习的或要宣读的文件材料、领导讲话稿、主持词等）、来宾资料（会议指南、会议文件资料、分组名单、笔记本、文具、代表证、出席证、列席证、请柬、通讯录、房卡和餐券等）、会务资料（接站一览表、来宾登记表、住宿登记表、用餐分组表、订票登记表等）和沟通资料（会议参考文件、会议宣传资料、会议简报、各种记录、注意事项、各种会议协议合同以及其他相关资料）。有的会议还要编印交流发言材料汇编、印发领导讲话稿等。

安排会议后勤保障

凡是连续召开几天，并且有外地同事参加的会议，就要热情地做好会议生活的安排工作。要根据出席会议的名额，提前编定住宿分配方案，等人员一到立即安置。在住房安排上，对领导和年老体弱的同志应予以适当的照顾。会议期间的安保、出行、饮食要有专人负责，并事先做好安排。

布置会场

会场是会议的重要场所，要根据会议的性质与规模把它布置好，营造出相应的气氛。应注意选择会场、装饰会场、安排会场座位、布置主席台以及其他一些附属设施。由于会议的类型、规模等都不尽相同，工作程序也会有一定差别，但总的原则是会场布置要充分体现会议气氛。

一般包括：悬挂会标、徽记、旗帜、条幅等；设置主席台，落实主席台领导，安排座次，设置发言席、签字席，摆放席卡、水杯、话筒，并保证音响效果；确定会议桌摆放形式，明确划分会场区域，使与会者明了；保证照明、通风、投影、录像、空调设备齐全、有效；摆放适量花卉；做好会议发言、投票、发奖、集体照相等方面的准备工作；准备场外彩虹门、氢气球、欢迎标语、红地毯、花卉等；进行会前检查并向领导汇报准备工作情况。

会中服务工作

在会中服务阶段，会务人员须提前 1 小时到达会场，反复检查会场准备情况，做好会议材料分发，完成签到与引导，组织会议有序进行，搞好后勤服务等工作。

签到与引导

常用的签到方式有簿册式和卡片式，在组织签到的同时，要做好入场引导工作，以方便与会人员入场，同时缩短入场时间。此刻特别重要的是要落实主席台领导、发言人、主持人是否到齐。同时，会场内可播放轻音乐，营造轻松愉快的会场氛围。

组织会议进行

维持好会场秩序，会议开始前 5 分钟，关闭会场大门，无关人员离开会场；开会期间关闭手机或将其调到振动状态。在会议进行时，会务人员要按照会议议程做好服务工作，注意安排会议发言，做好会议记录，编制会议简报，起草、修改会议有关决议文件以及做好新闻报道等。这其中主要是一些服务和保障性工作，该工作要求会务人员要了解会议内容、熟悉会议流程、领悟会议精神，关键是要做到细致入微、有条不紊。

搞好后勤保障

会中的后勤保障除了吃、住、行要善始善终外，会场上还要保证茶水供应，要照顾好老弱病残，要准备必要的纸、笔等，以备临时取用。会议期间的参观、游览、娱乐、合影等活动也要精心组织好。根据需要有些会议还要准备纪念品，外地与会人员的返程车票、机票要在散会前送到订票人手中。对与会者提出的其他合理要求也应尽可能给予满足。

会中阶段，除了主要进行各种服务工作外，还要接受会中反馈信息，及时处理各种突发状况。要求我们必须具备良好的政治素质、较强的应变能力和高度的责任心。此阶段的有关工作同样实行明确分工、层层负责制。要确定各小组乃至每个人的任务，标明完成时间，在每天会议结束后集中，核对各项工作的完成情况，交流会中出现的新情况，以便对第二天的会议进行适当的调整。

会后总结工作

会议日程的主要内容进行完毕后，标志着会议基本结束。但会务工作并不意味着就此结束，而是由会中服务阶段转入会后总结阶段。该阶段的工作任务仍很繁重，需认真地完成，做到"有始有终"。会后总结工作主要包括送别会议代表、会场的善后工作、整理会议文件以及会务总结反馈。

送别会议代表与会场善后

安排好送站车辆，确保与会人员安全到达车站或机场。做好会场善后，及时清理会场，带回剩余材料、席卡等；清退客房和会议用房；归还借用的物品；结算账目并向财务部门报销等。

整理会议文件

首要工作是收集文件，会前准备并分发的文件、会议期间产生的文件和会后产生的文件都需要收集。完成收集工作后，对会议文件进行立卷归档。归档后应交由有关人员保管，不要保留在个人手中。

会务总结反馈

会后总结工作的重点是会务总结反馈。上述工作都完成后，要对本次会务工作进行一次认真的总结，肯定成绩、分析不足，表扬有功人员，向支持会议工作的有关部门表示感谢，布置会议精神贯彻执行情况的检查、反馈工作。通过会议工作总结，积累会务工作经验，提高会务人员的综合能力，培养互相配合、协同合作的良好作风。

现代社会是一个充满变革的社会，会议作为一种社会现象，也处在不断变革与发展之中。要想开好会，会务工作起着至关重要的作用。成功的会务安排，会使会议开得圆满成功。反之，则会使会议达不到预定的效果。因此，会务工作的相关理论和技巧，是我们必须掌握的一项能力，从而成为上级信赖的会务专家。

——— 学会准备一份让领导满意的讲话稿 ———

好人出在嘴上，好马出在腿上。如果我们平时十分注意培养自己讲话的水平，就能让上级对我们刮目相看。如果我们经常在会议和工作总结中高屋建瓴，写出一份高水平的讲话稿，相信上级也会大力支持我们，甚至把我们的讲话内容整理出来供全体员工学习、借鉴。如果会议的前几天上级指示我们为他准备一份讲话稿，这对于我们来说就是一次机遇，要争取把握，格外珍惜，这种情况下我们就是做了上级的临时秘书。我们一定要用心揣摩，用负责任的态度对待这项工作，体现出自己的最高水准，写出一份让上级满意的讲话稿。

为上级准备讲话稿，不仅要体现出上级的领导水平、决策能力、工作思路和个人魅力，同时由于上级的特殊身份，讲话又不只代表个人，往往承担着阐释方针、部署工作、组织协调、指导实践等功能，关系着全盘工作的开展，意义重大。一个会议开得好不好、活动办得成功不成功，很大程度上取决于上级讲话讲得好不好。我们要结合上级讲话的目的、语境和领导口语等因素，做到主题鲜明、内容完整、语言得体。写好了讲话稿，今后的工作就干好了一半，但要写出让上级满意、员工爱听的高质量讲话稿，决不是一两天就能练出来的功夫，是一个长期积累的过程，也是一门综合艺术。在此，和大家一起交流为上级准备讲话稿的几个注意事项：

要把握上级讲话稿的主要特点

上级讲话稿是企事业单位各类公文中难度最大的，也是一种特殊的"命题作文"，有着自身鲜明的特点。

层次高

上级讲话一般不是针对某些局部或具体问题的，而是站在全局和时代的高度，用战略的眼光和广阔的视野来观察、分析、解决问题，政治理论、思想水平和工作层次都要高。这就要求起草上级讲话稿时，要"小人物敢于说大话"，站在上级应有的水平上和层次上思考问题。

权威性强

上级的地位、身份与职责决定了上级的讲话具有很强的权威性，所以要做到科学严谨、稳妥准确，把领导需要讲的内容精确、恰如其分地反映出来。不随便照搬理论界的观点、社会上的看法，不讲没把握、有争议的观点，更不能为了标新立异、语出惊人而讲过头话。

涉及面广

上级的讲话内容十分丰富，常常涉及哲学、政治、经济、文化、历史、外交、军事、法律、党建等许多方面的知识。要求我们必须视野开阔、知识面宽，尽可能熟悉各领域的工作和知识。在包罗万象的同时，也要做到收放自如，使讲话既能体现较大的信息量，又不至于把主要观点淹没在大量材料中。

个性突出

讲话稿最终是要由上级讲出来的，所以必须尊重和体现上级的个性。有的上级讲话涉及古今中外，喜欢旁征博引、引经据典；有的上级讲话立意高远、气势恢弘，喜欢讲时势；有的上级讲话生动活泼、诙谐幽默，喜欢举例子；有的上级讲话朴实无华、通俗简洁、干净利落，喜欢用群众语言；有的上级讲话注重创新，喜欢讲新观点和新语言。

要明确上级每次讲话的定位和方向

打造亮点

使讲话有力度，留下痕迹。让员工能熟记于心，适用于指导工作。

敢于突破

上级讲话涵盖面广、内容丰富，既有工作方面的讲话，也有理论方面的文章，还有各种场合的演讲和致辞。要下工夫深入学习，并运用长期实践积累的经验，以他山之石来攻玉，把文稿写出"精彩"来。

推陈出新

使讲话不弹老调、常讲常新。一定要解放思想、敢于突破，在主题思想一脉相承的前提下，尽可能用新概念、新材料、新语言，使人耳目一新。

统筹规划

使讲话步步深化、形成体系。文稿起草工作是对上级思想和决策进行阐述和提升的过程，也是对上级形象和风格进行全面包装和塑造的过程，要有长远谋划，有一个总体的、系统性的设计，形成一个层层深入的思想体系。

要掌握上级讲话稿起草的几个要诀

讲话稿起草是一项融入起草人主观努力的创造性劳动，既要考虑"谁来讲"、"以什么身份讲"，也要把握"对谁讲"。也就是说，成功的讲话稿必须同时兼顾上级、起草人和听讲人，处理好三者的关系。那么，如何处理好三者的关系？我们要做到"一个忘记、两个记住"，也就是"忘记自我、记住上级、记住听众"。

忘记自我，就是在起草上级讲话稿中忘记自己，从上级的角度写稿子。体现的是上级的意图，不是讲自己的观点。因此，对起草人来说，不能有自以为是和先入为主的意识，更不能想通过上级讲话体现自己的思想，使上级的讲话成为自己的"传声筒"。

记住上级，就是在起草讲话稿中，必须认真研究和把握上级讲话的意图、要求和风格，写出上级的高度、深度和风度。这种能力不是一日之功，必须经过日复一日地积累和思索，并切实体现在写作实践的每一个环节中，体现在框架的构思、材料的取舍、语言的润色等方面。

记住听众，就是在起草上级的讲话稿中，要了解、反映和符合听众的需求。要吸引人听下去，要使人听得懂，要能说服人、打动人。听众的反应不仅决定着文稿的实际效果，也会通过各种渠道反馈到上级那里，影响着上级对文稿的满意程度。因此，起草人既要关心领导讲什么，更要关心听众需要听什么。找到上级与听众的最佳结合点，真正做到有的放矢，讲得切题，听得满意。

要具备写好上级讲话稿的基本素质

全面掌握基本理论和政策

关于上级讲话，理论是灵魂，政策是生命。没有一定的理论功底，起草讲话稿就会缺乏思想、缺乏深度；没有一定的政策水平，起草的讲话稿就会缺乏指导性和实效性。

要学习各领域、各方面的知识

要熟悉市场经济、现代科技、政制法律等方面的知识，了解天文、地理、历史、文学、艺术、哲学和时事政治等，平时要注意收集和积累资料。

要熟悉写各类讲话稿的基本规范和技巧

不同的场合、不同的对象、不同的范围，决定了上级讲话种类的多样性。例如，会议讲话、工作报告、辅导报告、座谈发言、即席讲话、演讲致辞等，其特点不一样，要求就不一样，写法也不一样。必须注意了解和熟悉各类讲话稿的特点，把握其要领，掌握其写作技巧，做到量体裁衣。

➤ 要进行深入的调查研究

上级讲话稿的高度、深度、厚度，鲜活、生动、新意，指导性、针对性、有效性，都建立在深入扎实的调查研究基础上。没有调查研究或调查研究不深入，起草上级讲话稿就是无源之水、无本之木，很容易出现米不够、水来凑的现象，或无的放矢、隔靴搔痒，或话不到位、书生意气或空话、大话、套话连篇。

要认真领会上级总的意图，把握其总体要求，特别是体会上级点到但没有具体展开的深层次的内容，而不是上级讲到什么就只写到什么。尤其是在自己发挥余地比较大的时候，往往也是最能体现我们领悟上级风格和意图的时候。对上级的意图进行深化和拓展，根据国际、国内形势和工作情况的最新变化，及时把握可能影响上级思路发生变化的各种要素，有预见性、创造性地"发展"上级的讲话意图。

—— 整理好会议纪要 ——

从踏入职场的第一天开始，我们就经历着各式各样的会议：欢迎会、庆功会、酒会、总结大会、晨会、晚会、研讨会、经验交流会、营销会……会议是许多上级工作的法宝，是上级制定决策、贯彻政策、统一思想、提高认识、总结经验、分析问题、研究工作、通报情况、统筹协调、纠正失误、制定对策、解决问题、提出要求的载体。不了解会议的重要性和必要性，就不是一个合格的职场人，就抓不住上级的指示精神和工作要求。

会议从种类来看，有决策性会议、总结性会议、部署性会议、座谈联席性会议、宣讲性会议、表彰通报或批评性会议、预备性会议等类型；从性质来看，有专题性会议、综合性会议、法定性会议（如党委系统的常委会、政府系统的常务会、办公会等）、临时性会议等。大凡举办规模稍大一些的会议，都必须做好会议记录或会议纪要，以资备查和对照贯彻落实。

我们应明确会议纪要和会议记录的不同，会议记录是如实记录会议的基本情况，会议中的报告、讲话、发言、决定、决议、议程以及各方面的意见等内容的一种重要的应用文。会议纪要则是在会议记录基础上加工整理而来的。但在实践过程中，许多人对会议纪要的整理工作并不甚了然，不是把会议纪要写成会议记录，就是把会议纪要写成简单的会议流程，很难处理好记录与纪要的关系。所整理的纪要要么照搬会议记录，缺乏重点，无法体现会议内涵；要么简单行事，点到为止，内容浮浅，达不到会议纪要条理性、约束性、指导性和可操作性等特点要求。要把会议纪要整理得相对得体、合乎规范，就必须在记录整理时注意把握好以下几个问题。

做好事前准备

通常情况下，举办或召开一次会议，涉及会议的组织筹备事宜，包括会议主题的确定、议题的收集、议程的安排及相关背景材料的准备等。我们都要尽可能地在事前多了解、掌握相关情况，根据会议确定的议题，备齐有关背景资料，掌握会议将要研究的主要问题，以便记录、整理时心中有数、查找方便。

忠于会议原意

记录是纪要之基，是起草纪要的蓝本和依据。因此，完整、准确、清晰是其基本要求。必须忠实地记下会议的整个原貌，包括时间、地点、参加对象、会议议题和议程、与会者的讲话内容要点、会议总结或议定的事项等，尤其是要认真领会并忠实记录好上级的讲话原意，不可随意偏废。对于每个参加会议人员的姓名、职务，都要认真落实清楚，原本标记。有时参加会议的对象较多、内容较广、议程也较分散，记录时就要注意分门别类地按所定议题予以记录清楚。对一些不明事项，则应在会后即刻予以核实，以免产生贻误或遗漏。

把握会议要点

会议纪要的精髓在于"要"，准确把握会议的要点是整理会议纪要的关键。掌握会议的要点，关键在于能抓住与会人员达成的共识和议定的事项，也就是要特别注意围绕主题，从与会者的发言中提炼出会议的观点、主张和结论。具体要做到"四善于"：一是善于区分出讨论性意见和表态性、结论性意见的差别；二是善于抓住上级、重点部门或某些权威人士发言的实质；三是善于领会、把握会议主持人的总结性发言；四是善于统合大多数与会者形成共识的意见。可以说，把握了以上四点，就等于把握了会议纪要的基本框架。

确定纪要的形式

整理会议纪要绝不是把会议记录简单地再抄一遍，而是对会议记录进行综合归纳的再加工、细化和提炼的过程；既不能把会议涉及的全部情况都事无巨细地写上，又不能断章取义或以偏赅全，必须围绕会议宗旨及主要成果来整理、加工、概括。

根据会议纪要的特点，其正文的写法通常有四种，即综述式、分类式、条款式和摘编式。具体视会议内容而定。如果会议只有一项议题，可采用综述式，即把会议研究讨论的主要问题、与会人员的统一认识和看法、会议决定的事项等综合在一起，用概述式的方法进行阐述和说明。如果会议规模较大或议题在两个以上，通常用分类式或条款式。分类式即把会议的主要内容依其内在联系归纳成几个方面，然后逐层逐段地将会议涉及的问题分别予以阐述，可以分条撰写或加小标题。如果涉及的事项比较多且相对具体，则小标题下还可以把决定的事项分列成若干条，并逐条说明。涉及重大或重要的会议如座谈会、学术研讨会等，也要使用摘编式，即将与会者在会上的重要性发言以摘编、摘录的形式在会议纪要上体现出来。

加工处理文字

一是理顺。根据讲话内容划分不同的部分，让人看后能够明确会议纪要的主旨和内容。二是修改。在语言的修改方面，应尽量去除口语，代之以规范性的书面语言；在内容的取舍上，去掉虚的部分，保留实的部分，增强可操作性；在秩序安排上，重要的内容一定要安排在前面，以示突出重点。三是补删。从"补"这方面来讲，其一是补缺，其二是延伸。补缺，就是对应讲未讲、有必要补充的问题，整理时要予以补充；延伸，就是对讲得不够透彻、容易使人产生误解的问题，整理时要顺着讲话者的原意作适当补充和深化，使之更为合理、充实和完善。从"删"这方面来讲，除了注意删除前后重复的内容和与议定主题关系不大的内容外，更重要的是要注意删除那些敏感性比较高、不宜大范围知晓的内容，也可以说是删去那些多余的话和不具可操作性的内容。

用好规范语言

会议纪要十分讲究表述层次，先写什么、后写什么要非常明确，语言要十分规范，要少用修饰词，不讲含糊不清、模棱两可的话。要站在会议的高度，综合全会的意见，而不能突出个人的意志。通常会用到一些约定俗成的专用语言有"会议听取了"、"会议认为"、"会议指出"、"会议要求"、"会议强调"、"会议决定"等。此外，有些会议纪要属于法定公文范畴，所以整理成文后还涉及会审、签发、分送等问题。它与其他法定公文的显著区别在于：一是文末不落款；二是不署日期；三是不缮印、使用统一规定的版式。这些都是需要我们在实际工作中加以注意的。

我们要善于领会会议精神，要具备整理上级精神的会议纪要的能力，这既是指导我们工作的精神，也是我们深入贯彻上级意图的行动指南。及时把握上级的会议精神，将上级的意图传达给更多的员工，既可以实现工作业绩的增长，又可以提高我们自身的全局观、看问题的准确性和深入性，使我们更加全面地了解上级的战略思想和战术指导，促进我们与上级的配合更加顺畅。

处理与上级的矛盾

职场的权力斗争、部门竞争、接班人的斗争无处不在！在实际工作中，由于上级的业务素质、领导方法、领导艺术和性格特征等存在差异，上级之间难免也会出现一些不合拍的现象，甚至引发一些矛盾，严重的还会带来职场"地震"，给我们的工作带来许多困惑并增加工作难度。

如何正确对待上级之间的矛盾，是我们在实际工作中经常探讨而又需要解决的棘手问题。这就要求我们具有良好的职业道德，掌握一些领导心理学，能够正确判断上级之间的矛盾，学会和不同性格的上级相处的技巧，灵活对待上级之间的矛盾，使自己处于工作的有利地位，做好自己的本职工作。这些矛盾处理好可以左右逢源，皆大欢喜；处理不好则会陷于夹缝之中，不但受气，影响工作，而且还会引起上级的误解。如何驾驭矛盾、引导局势、协调关系，需要我们分不同情况，冷静而又机智地加以处置。

察觉矛盾

我们要做职场聪明人，不做职场糊涂蛋，摸清上级的底牌，可以使我们不办糊涂事。工作中懂得察言观色、随机应变，是赢得上级认可的关键因素。在职场，尤其是在多位上级的领导下，洞察上级的内心是非常重要的成功因素。

由于种种原因，上级也喜欢掩饰自己的真实想法，他们的言行与其真实动机往往不一致。由于受阅历、秉性、出发点或掌握信息量多少等因素的影响，对于同一件事情的处理，不同的上级会有不同的意见。上级之间意见不一致，会导致决策朝令夕改或反复扯皮，往往让我们这些做实际工作的人十分头疼。如果上级之间的矛盾一目了然，我们就心中有数了，也能采取相应的对策；然而，上级之间有许多矛盾是很隐秘的、是不公开的，这就需要我们用心观察和体会了。与上级相处，首先必须了解上级行为背后的"秘密"。

作为下属，当我们从普通员工做起时，可能会被两个甚至两个以上的上级所领导。上级之间出现矛盾是很自然的现象，我们经常被迫站在"十字路口"，面对他们的不同意见，无所适从。上级之间的矛盾分歧常见的情况有以下几类：

直管上级和间接的、高层的上级意见不一致

不同的上级有不同的思维习惯、工作方式和个性特征，工作过程中不可能对所有问题在观点和处理方式上完全一致。所以，遇到上级间出现分歧与矛盾时，不妨以平和的心态面对，不必过于焦虑。一般情况下，我们还是以直接上级的意见为准。所谓"县官不如现管"，直接上级毕竟是工作中要天天打交道的，而且职场大忌便是越级汇报、交流。当间接上级的明确指令与直接上级相悖时，要主动向直接上级请示沟通。如果仍然存在分歧，建议先按直接上级的方法办，但要向间接上级委婉地解释一下原因，尽量表明自己的态度是对事不对人。不要对上级之间的关系进行随意评论，不宣扬。踏踏实实、认认真真干好自己手头的工作，用实际行动为上级排忧解难。

平级的上级间的意见不合

这多半是由于单位的分工不够明确造成的，工作中大家的业务范围往往存在着交集，有些处于边缘范围的工作，汇报对象就会出现多头领导的情况。这种情况要有所改变，只能依靠单位改变制度，明确组织结构。但工作不会因为客观情况而停顿，那么在这种情况下，最好的应对方法就是从几位

上级所处的角度和所表达的意图上去找平衡点，做出一个双方都能接受的方案。要时刻明确我们的角色定位，在工作关系上，上级处于主导地位，我们处于辅助地位，我们应谨言慎行，不要对上级的言行举止、为人处世、功过是非妄加评判，不要在背后议论上级，说不利于领导班子团结的话，更不要主动介入上级之间的纠纷。意见分歧和个人矛盾还是有区别的，只要大家都是站在工作的角度，总能找到共同的利益点。还有就是要用适当的方式沟通，争取能够当面沟通，迅速确认，避免做"传声筒"，从而拖累工作进程。总之，要做好协调员，积极沟通，迅速调整，这样虽然会比较辛苦，但对自己的为人处世能力绝对是非常好的锻炼。

非主管上级间意见不合

当两者都不是自己的直管上级时，要区别看待，如果不牵涉大是大非，应对方法是想办法引导非主管上级，从结果导向分析事情的利弊，从自己的专业角度提出见解，供非主管上级参考。如果牵涉比较大的原则问题，可以主动跟直接上级请示，请他出面去处理。但无论最后采用哪位上级的意见，对最高上级都要保持尊重，并服从领导最终的安排。当领导班子出现矛盾时，应该从大局出发，从事业公利出发，坚持真理，秉公办事。不能从个人利益或小团体、小帮派的利益出发，也不能以个人感情好恶作为衡量是非的标准。总之，一切从工作出发，对事不对人，保持理性的判断和独立的见解，不做随风倒的"墙头草"。

当上级之间有分歧时，对下属就提出了更高的情商方面的要求。我们要做到让每方都满意也许是比较困难的，但应尽量在现存的单位体制下发挥工作的主动性，注意沟通中不要引起上级之间的误会，感觉到自己偏向哪一方。秉持"岂能尽如人意，但求无愧于心"的态度就好。

在现实工作中，正确对待和处理好上级之间的矛盾，不仅关系到上级的声誉、单位建设的水平，而且影响到下属完成任务的好坏以及成长进步的快慢。我们不能埋头苦干，也不要在上级之间口无遮拦，要多动动自己的大脑，学会观察职场中的人际关系，及时察觉上级间的矛盾能帮助我们躲开许多麻烦。

——— 隐秘分歧 ———

我们对待上级间的矛盾要理智地做到：不传播，尽量避免公开矛盾。上级之间的矛盾，有些是长期形成的矛盾；有些是暂时存在的矛盾；有些矛盾可以随着工作任务的完成而消除；有些矛盾会随着时间的推移而淡化；有些矛盾还会随着上级之间感情的融合而终结；还有些所谓的矛盾是根本不存在的，纯粹是一些捕风捉影和杜撰捏造的。因此，作为下属，当听到或者感觉到上级之间存在矛盾时，千万不能盲目地偏听、偏信，也不要添油加醋、四处传播，更不能把个人的感情和看法与上级之间的矛盾挂钩、结合。

由于受身份和地位限制，我们不可能对上级之间的矛盾了解得很清楚，我们根本不知道事情的来龙去脉及症结所在，所以不要轻易介入上级之间的矛盾，应保持"沉默是金"的理念。如果有人在公开场合议论上级之间的矛盾，或者遇到上级在我们面前谈到对其他上级的不满时应当慎之又慎。尽可能不在上级之间充当裁判，评论是非曲直。遇到不便表态又不能走开的场合，要冷静观察，不动声色，多思求变。这时可以说说圆场话，但不要发表对上级的褒贬言辞和看法。离开这个场合后，一定要守口如瓶，对上级之间的矛盾严格保密。在态度上保持"中立"。

在交往上保持"等距"。当上级之间有矛盾时，尤其要注意与各上级之间保持同等距离。在平时的工作、生活和思想感情上坚持一视同仁、同等对待，不厚此薄彼。在工作态度上，对他们要同等配合协助；在涉及日常交往的问题上，对他们要同等关心照顾；在思想感情上，对他们要同等敬爱、同等尊重。

上级之间无论什么原因引起误解、分歧和矛盾，双方一般多各自放在心里，不会外露。这也是做领导锻炼出来的"内功"，表面精诚团结，内里也许会钩心斗角，我们切忌自作聪明，胡乱猜测。如果我们无法脱身，应迅速查明有关背景资料，迅速考虑基本意见，以应上级询问。上级不问就不"吭气"，上级问什么，就答什么，简明扼要，以答情况为主，不要带上意见和看法，更不要带上感情色彩。当上级要求我们发言时，最好全面、客观而扼要地把有关情况介绍清楚，然后把几个可供选择的方案提出来，供上级参考定夺。在情况紧急需要迅速决断而上级之间意见又不一致时，应当迅速寻求一种使持有不同意见的上级也能接受的折中方案。

有些上级彼此之间并无很深的个人恩怨，双方基本上都是从更好地开展工作的角度出发，并不是借工作之名坚持己见去打压对方。但也有些上级之间的意见分歧并不纯粹是工作上的分歧，还有更深层的因素。比如，两个人历来都是明争暗斗的，那很有可能是对着干，对这样的意见分歧就要更仔细地审视，千万不要不假思索、不加选择地遵照执行。出事了，上级完全可能把我们牺牲掉，找一个"我的思路没问题，是执行的人出现了差错"的理由结束我们的职场道路。

一旦上级之间出现矛盾，首先，自己绝对不能传播，一定要尽量把上级之间存在矛盾的"消息"控制在最小的范围之内，不能让它在群众中间扩散。其次，要想办法堵住和消除不良消息传播的途径和渠道。再次，要正确审视消息的来源。如果上级之间确实存在矛盾，那么在工作中一定要慎重，在汇报工作、接受任务时要多动点脑子。尽量避开上级之间存在矛盾的敏感问题，以避免上级之间产生不必要的误会。最后，对于四处传播、挑拨是非、宣扬上级之间矛盾的人，要站在公正的立场，主动靠上去做思想工作，讲清楚宣扬上级矛盾的危害性。

从个人的角度看，善于处理职场中上级之间矛盾的棘手问题、维护并保持良好的职场人际关系，是职场成功必备的职业素养之一。建立良好人际关系的首要原则是自我管理和双赢思维，自我管理包括善尽自己的职责和控制自己的情绪，而双赢思维则要求能够随时站在别人的立场来考量事情，以协调合作的态度完成组织的目标。我们要做的就是隐秘上级之间的分歧，自我管理，以对双方都有利的态度完成上级交代的工作。

沟通协调

面对上级之间已经产生和存在的矛盾，作为下属，虽然原则上我们不应过多介入，但也不能完全置身事外、袖手旁观，要主动地去想办法。尽量沟通协调，化解上级之间存在的矛盾。事实上，上级之间存在矛盾，我们根本不可能完全置身事外，往往会在工作中受到上级矛盾冲突的影响，与其被动地受到影响，还不如主动地去想办法化解上级之间的矛盾。这样做既有利于理顺工作关系，也有利于促进上级的团结，还有利于工作任务的完成。能不能巧妙地化解上级之间的矛盾，是对我们驾驭复杂局面能力的现实考验。

我们要正确看待上级之间的矛盾，在一个单位的领导群体中，每位上级都分管着具体的工作，如何处理好局部利益和整体利益、眼前利益和长远利益的关系，是每位上级都面临的问题。在领导集团化的今天，上级的工作职能主要是规划目标、制定决策，并充分利用人才资源去推动决策的执行。上级在向目标推进的过程中，难免要牺牲一些局部利益来"成全"整体利益，要对资源进行合理调配。这样，上级之间就存在着一种相互制约、共同发展的关系。当这种关系处于"协调"状态时，整个组织就能高效运转，目标就容易实现；反之，则会受到干扰，使目标出现偏离。我们在工作中应遵照领导职权分工的原则，按照领导班子民主集中制的建设原则，执行主要决策人的意见，这是按组织原则办事。

我们可以利用当下属的方便条件，及时、灵活而全面地协调上级领导之间的关系。其原则如下：

● 如果上级之间的矛盾和分歧是原则问题，则要坚持原则，旗帜鲜明地站到正确的一方。

● 如果上级之间的矛盾是工作中的分歧，或者隐藏着个人权力之争，我们则要善于"和稀泥"，避免事态扩大，尽量缓和矛盾，绝不能搬弄是非，挑拨离间，扩大分歧。

我们开展积极的沟通协调，本质上并不亚于上级本身的协调作用。一个称职的下属要尽量促进上级之间的沟通和理解，使之统一认识，消除矛盾。有时，为了促进上级之间的团结，消除上级之间的误解，我们可以适当说点儿"善意的谎言"，编造一点儿赞美的理由，这是职场人际关系的协调艺术，而不是品质问题。

如果我们与每位上级之间的感情都很不错，彼此了解、信任，也比较容易接近，我们可以本着减少、化解矛盾的原则，抓住适当的机会进行"平衡"、调和，但一定要注意方式、方法，并把握好"度"，防止把事情办砸。

如果仅是矛盾的双方对一些问题存在不同看法继而涉及对矛盾一方个人的看法，即使出现片面或偏激，也是非原则性的，我们在沟通、协调的过程中只要动机公正，就不妨说几句"善意的谎话"。对某些分歧点应充当"糊涂人"，特别是对有关矛盾一方个人品质的言谈要有进无出，不利于缓和矛盾的话要"两边瞒"，好事好话要"两头传"，起到暗中"筑路"、"架桥"的作用。

如果上级之间的矛盾冲突已经发生或处于激化状态，我们应采取转移目标、以钝制锐的方法，努力引导上级将注意力向都能接受的目标转移。这样就有可能在关键时刻遏制对立的情绪，使双方把矛盾的焦点从敏感问题上避开，达到"熄火"的目的。如果上级之间的矛盾冲突并没有明显的是与非，主要原因是上级的面子问题，我们应见机行事地说话为他们打圆场，巧妙地帮助他们搭台阶，有时还要主动为矛盾一方承担一些过错，以维护上级的威信，保护上级的形象。如果上级之间的矛盾仅仅缘于工作上的意见不一致，没有其他瓜葛或纠纷，我们可以找出一种意见的文件根据或事实根据，向其他上级说明情况，主动承担工作不细造成的失误，上级知道其中一种意见是最有文件根据或事实根据的，就会主动放弃自己因情况不明而作出的不恰当决定或意见。

上级之间的矛盾如果冲突加剧，必然会或多或少地把情绪发泄在对方的下属身上。特别是在部署任务、安排工作时，上级有可能会"一把尺子两头量"。对于那些属于自己分管范围的工作就广开"绿灯"，处处提供便利，对于那些不属于自己分管范围的工作就屡亮"红灯"，频频给任务的完成制造障碍。面对这种情况，我们绝对不能从中挑拨上级之间的关系，一定要有一颗宽容的心，本着从单位建设、团结同事的角度出发思考问题，尽量自己多承受一些工作中的压力。绝对不能因为上级在工作中存在偏见，就作为撂挑子、搁置工作的理由，更不能去找另外一个上级诉苦、发牢骚、打小报告。这样做无疑是火上浇油，不仅不利于解决工作中的问题，而且会直接加深上级之间已经存在的隔阂与矛盾。

因此，作为下属，首先，要发挥主观能动性，创造性地想办法完成好上级交给的各项工作任务；其次，要争取下属与下属之间、同事与同事之间的密切配合与有力支持，为完成任务营造一个良好的工作环境和氛围；再次，还要根据规章制度，合理争取分管该项工作的直接上级的大力支持；最后，要采用适当的方式向"设置障碍的上级"表明自己完成任务的态度和决心，以及完成该项任务对单位建设的有利局面，以得到理解和支持。

另外，就是要审时度势，随机应变，兼顾左右。在不违背基本原则的前提下，对不同上级的意见尽量都照顾到。我们是具体执行工作的人，在行事过程中要注意随机应变。当我们不是全部照做的时候，不妨向那位上级说说执行的困难，请求他的谅解，或者告诉他，我们认为全部采纳他的意见可能会出现的不良后果，让他放弃自己的主张。我们还可以按照时间先后的顺序来处理，就是说，哪个上级先指示，就按照哪个上级的意见办理。等另一个上级再发表意见时，我们可以委婉地表示拒绝，当然要想些理由，如再返工或再修改时间上来不及、成本很大、非常耗费人力等，表示我们并不是不听后面这个上级的话，而是条件不允许。

——— 有意拖延 ———

当上级之间的矛盾一直没有出现缓和的迹象，我们夹在中间很为难时，不妨暂时采用有意拖延的方式。拖延是想等待最好的时机，但最好的时机也许一直都不会出现，但我们这样做，好处还是很多的。几个上级对一个问题有不同的思路、看法以及重大分歧，有的上级让我们去办，有的上级不同意我们去办。此时，我们往往非常为难，不能说"是"，也不能说"不"。如果时间充足，在拖一拖并不误事的前提条件下，最好的办法之一就是有意拖延，或者暂时不办，或者慢慢地办，或者办一点儿后停下来，争取时间继续主动地当好穿针引线的人物，做促成上级意见一致的工作。

领导之间的矛盾如果发生在我们工作范围之内，是最考验我们协调能力的，我们要考虑在上级之间意见不一致的情况下，如何使大家都能满意接受，达成共赢。这就需要我们未雨绸缪，把矛盾消灭在萌芽状态。在完成上级交办的工作时，我们首先想在上级之前，不但想好工作本身应该怎么做，充分准备方案和建议，力求使其切合客观实际，而且要预测一下上级意见不统一时，上级各自会有什么样的想法，在方案中把这种因素考虑进去，适当地有所照顾和体现。没有照顾和体现到的，一旦他们提出来，该如何解释，怎样努力达成一致，要胸有成竹，心中有数。

在不伤害所有上级自尊心的前提下，可建议上级学习有关文件精神和政策规定或者征求一下部门内部的意见，然后继续讨论，达成一致；也可将各种意见都反映到文件中去，做到天衣无缝、不露痕迹，这是最有难度的，也是最考验我们能力的地方。

对于有些必须马上完成的任务，在上级之间意见难以马上统一时，我们必须按组织原则办事，切不可自作主张，造成工作贻误。在正职与副职意见不一致时，要按正职的指示办；在几个副职意见不一致时，要按分管这项工作的上级指示办；在上级之间意见不一致时，要按多数人的意见办。事后情况比较明朗之时，再做"牵线搭桥"工作，疏导关系、化解矛盾，最终促使各方握手言和、同舟共济。

因为上级都有爱面子的心理，拖延也是给矛盾的双方保留了面子。因此，矛盾应尽量暗中解决，不要张扬出来。时间差是解决矛盾的方法，有些矛盾要防患于未然，有些矛盾可以事中控制解决，而有些矛盾可以让它量变到一定程度发生质变时再解决，还有些矛盾不解决比解决好。有一个广为流传的历史故事：一位国王举行晚宴招待群臣时，在突然灯灭的情况下，国王的爱妃被人非礼。面对此种情况，怎么办？这位聪明的国王采取了不解决矛盾的办法，最后结果大家都是知道的，那位非礼王妃的将军为国家立下了巨大的战功。这一故事之所以广为流传，就是因为国王采取了不解决矛盾从而产生了积极的效果。其实从某种角度来讲，拖延也是一种不解决矛盾的办法。

拖延的过程我们也是分析、思考、寻找解决办法的过程。当我们在处理棘手问题的时候，如果没能立即找出最好的解决方案，与其让上级之间矛盾尖锐化，倒不如把这个问题暂时放在一边，先去处理其他事情。在处理其他事情的过程中，上级也会重新考虑刚才下达的指令，重新思考刚才的问题，默默寻找可行的解决方案，所以我们大可不必为暂时放下未完成的任务而内疚、自责。

上级也许是一时冲动下达了不切实际的命令，或者因为激烈争吵没有深思熟虑，如果我们在这种情况下，就迅速执行了上级的指令，极有可能造成大的损失。然而，我们不执行上级的命令又是职场最忌讳的事情。因此要处理得巧妙，把这种故意的拖延伪装成因工作安排紧密还未来得及执行或者疏忽大意遗漏了，被上级追问后要向上级立即道歉，请上级原谅自己的工作疏漏，千万别表现出是故意所为。这个时候，可以再次征求上级的命令，看看上级是否改变了先前的态度，基本上上级都会改变先前的命令。

这是每个职场人士都曾遇到的问题，作为一个下级，我们不太可能统一认识到众多上级的不同意见，但我们却必须如期实施项目。当上级心情烦闷的时候，思考总是不够理智。所以，最好不要在这种状态下跟上级请示工作，不论这任务有多紧急。时间是调节心情的一剂良药，如果情绪妨碍了上级的工作，就把要请示的工作暂且放一放，直到上级心情平静一些再选择汇报。当然，在拖延时人们会在心里觉得不安，会感觉到一种无法停息的倦怠和落后感。但是我们要说服自己，这其实是一种时间管理办法，是在为下一步积累足够多解决问题的方法。

我们要注意避免把自己卷入上级时间矛盾的旋涡之中，这样自己不仅不能缓和矛盾，还会把矛盾转移为上下级矛盾，使矛盾的性质发生变化。要适当拖延，学会装傻，拖延是一种职场实用技巧，我们可以使用这种方式暂缓上级之间的矛盾，还可以帮助我们从困境中发现机遇。

——— 难得糊涂 ———

郑板桥曾说过一句名言"难得糊涂"，我们大多认为它是郑板桥离开官场后一句感叹的话。他的本意是对有些事情没有必要太较真，对无须去关心的状况就不要去干涉，该装糊涂的时候就应该装糊涂，轻轻松松地活着。因为装糊涂和真糊涂完全是两回事，在以权力大小为衡量是非标准的封建社会里，装糊涂的确是为官的诀窍，清醒者很少有不丢官的，且大多落得很痛苦的下场。糊涂虽非治国之良策，却是个人职场栖身的诀窍。"难得糊涂"以其简洁、明了的四个字，把职场中某些难以言喻的内涵表达得简单明了。

毫无疑问，难得糊涂是一门弱中取胜的职场经，它是郑板桥从数年做官的挫折经历中总结出来的智慧结晶。在它的丰富内涵中，既含有韬晦隐忍的职场智慧，又包括以柔克刚的权谋韬略；既包括藏而不露的攻心术，又包括形圆志方的修身涵养，可谓精彩绝伦。长期以来，经人们不断研究揣摩，推陈出新，而民间也在反复消化，流传推广，不少做官的智慧源自难得糊涂，却又比其更加具体实用。诸如清静无为、示弱退避、百忍成金，是下属对待上级的智慧；不在其位不谋其政，县官不如现管，说的是分职和责任；无为而做、功成身退是保身、养性的智慧；韬光养晦、摸着石头过河，说的是职场进取的智慧。凡此种种，不一而足，它们构成了我们今天所了解的做官大智慧的精髓。

在有矛盾的上级手下工作，糊涂总比聪明好，萧何便是很好的例子。当年与刘邦共打天下的有功之臣，都非平庸之辈，而最后皆被刘邦和吕氏疏远和加害，唯有萧何能安度晚年，为何？萧何确实有一种难得的糊涂，他从来都对一些大事持漠不关心的态度，这样刘邦和吕氏便放松了对他的注意，萧何从而聪明地保全了自己。

上级毕竟有他的权力，一旦我们表现出能力和策略超过他们，他们便有一种不安全的感觉，是不会让我们长期这样下去的，可以说这是人性的必然。一旦我们是位特别聪明的人，就更应该注意保护自己，不要处处张扬我们的聪明和才智，要尽量装得糊涂一点儿。装得不如我们的上级，让他获得一种优越感，让他陶醉于他的成就之中，而我们则小事糊涂一点儿，大事注意一点儿就行了。这样的糊涂，并非显示出了我们的无知。

当然，这种糊涂不是真的糊涂，而是我们需要学会装糊涂。对上级之间的矛盾冲突要学会睁一只眼、闭一只眼，不该管的事不要管。因为世上没有完美的人和完美的事，人生不如意十有八九，而且上级不会是自己永远的上级，一旦站错队，上级的城门失火，也会殃及池鱼的。因此，对待上级的矛盾，我们要糊涂一些。

难得糊涂，是一种老谋深算的清醒，也是一种卧薪尝胆的大度，更是一种心中有数的正派。难得糊涂，不是那种与世无争的软弱，而是退一步海阔天空的豁达；不是那种明哲保身的逃避，而是让三分风平浪静的睿智；不是那种苟且偷生的迂腐，而是真金不怕火炼的坚定。

职场处处存在竞争，没有竞争的职场永远都是没有进步可言的。上级之间的矛盾有时会直接影响到下属之间的团结，有的上级为了争权夺势，把言听计从的下属作为心腹重用，把其余的下属作为异己排除。有的下属为了达到个人目的，满足个人私欲，就利用上级之间的矛盾，做些阳奉阴违、见风使舵的事，讲些不负责任的话；有的下属不讲原则、不讲规章制度，采用非正常手段向上级表态度、抛媚眼，做出一些只有利于自己进步，而不利于上级团结的事；还有的下属拉帮结派，到处搬弄是非，刺激上级之间矛盾的升级。面对这种情况，作为下属，既不能追随上级的个人意愿行事，也不能跟随个别下属的不轨行为，应尽量避免卷入上级之间的矛盾旋涡之中，以"难得糊涂"的态度面对，不失为良策。

一是下属不要把个人的思想与行动表现到上级领导之间的矛盾之中。要正确区分工作关系、上下级关系，以及与上级的私人感情关系，不能因为喜欢哪个上级就听哪个，也不能因为讨厌哪个上级就反对哪个，要坚决杜绝把私人感情投入到上级之间的矛盾当中。二是不做任何损害上级利益的事情。有时，上级会让下属做出一些能够直接损害其他上级的事情，在这种情况下，下属必须要明确地表明态度，婉言拒绝，绝对不能跟随上级的意图做出违反原则的事情。三是不要在下属与下属之间、同事与同事之间形成跟随上级的"帮派"和"团体"。上级之间越是有矛盾，下级之间越要团结起来，致力于干好工作，尽量弥补上级不团结所造成的工作当中的失误与漏洞。也只有做到不追随上级的矛盾行事，不拉帮结派，下属才能真正地团结起来，才会有健康的发展和正确的出路。否则，既耽误单位工作，也影响个人的成长进步。

职场的智慧有千条，但做人的本分不可忘；职场的智慧有万种，但"难得糊涂"不可丢。我们学习郑板桥难得糊涂经中"积极的糊涂"、"灵活的糊涂"、"宽容的糊涂"，而摒弃其中"消极的糊涂"、"晦暗的糊涂"、"真正的糊涂"，真正在实践中去掌握和了解职场之道、与上级相处之道。

——— 修复裂痕 ———

职场争执不可避免，年轻人血气方刚，工作中与上级意见不合，发生争执的现象常有。有的下属与上级争执不算激烈，有的下属却因为一时的意气用事，和上级拍桌子、瞪眼睛，更有甚者，意图用暴力和上级解决问题。一般情况下，小的争执随着事情的解决就过去了，上级也不会放在心上。不过有一些争执过于激烈，最终发生严重的争吵，甚至出现肢体冲突，双方的关系就会出现严重的裂痕，结果必然会有其中的一人离开这个单位，离开的人基本都以下属为主。上级的权威不容置疑，与上级发生矛盾虽然在所难免，但大多不会影响到日后的合作，如果争执比较严重，让上级下不了台，事情就不好办了。因此，我们要避免和上级发生激烈的争执，一旦争执不可避免，也要顾及上级的面子，及时做出缓解的姿态，修复双方濒临破裂的人际关系。

职场工作需要不同部门、不同人员之间的相互配合，有接触、有分工就很容易发生矛盾冲突，这是很难避免的。上级安排工作也许不见得很科学、我们与其他同事的配合不得力等问题，最终都会呈现在上级面前解决。上级可能会站在领导的角度维护自己的工作部署，不作调整。大部分的冲突可能就是发生在部门间或者公务上的利益冲突，可能是处理问题的方式上欠妥当，也可能是信息不对称造成的相互误解，甚至仅仅是没有处理好个人情绪而带到工作中来。在这种情况下，我们与上级发生争执，是讨论不出有利于自己的结果的，最好的方法是先分析出产生这些问题的原因，找到问题的根源，从而找到适当的解决问题的办法。争执解决不了问题，反而让上级感觉我们拈轻怕重，挑三拣四，没有自控力，没有内涵。

出现这种情况，我们必须尽快采取行动，与上级沟通，不要让这种不好的印象加深。换句话说，要抓紧时间重塑我们的职场形象！除非抱着鱼死网破，不在这个单位继续工作的想法，否则还是"退一步海阔天空"吧。

首先我们要做的就是正面沟通。激烈的争执一旦发生了，沉默是不对的，当事情没发生更不可以。正确的态度是坦诚对待、认真沟通，不要拖，沟通越早越好，时间拖得越长，上级心理上的芥蒂越深，化解起来就越麻烦。主动沟通会给上级一个台阶下，让上级看到我们的诚意，即使上级心里还有不快，基本也消了大半。如果是当着许多同事的面发生争执的，这种沟通就要在众人面前进行，当众向上级道歉，主动承认自己的错误。我们与上级在公共办公场所发生争执，对其他同事都会造成不良影响，尽快化解和上级之间产生的矛盾，也是作秀给其他同事看的，这种姿态是非常重要的。

在沟通的时间和场合上，需要注意：私下争执的私下道歉，公开争执的公开道歉。私下争执的可以利用联系工作的机会主动表示一下自己的态度和看法，如果觉得工作时间不方便，可以直接约一个时间一起吃顿饭，在轻松平静的情绪下顺便交换一下看法。关键是把事情说开，不要因此种下心结。在沟通的内容上，还是要针对具体事情做讨论，做到"对事无情，对人有情"。应该看到，与上级出现分歧和争执是由于见解和立场不同，但是总的出发点是要维护全局利益。在这个共同的前提下，没有什么事情是不可以谈的。只要双方都是真诚的，看似很麻烦的问题也会变得很简单。

在职场中要着眼未来，不能鼠目寸光，更不要为自己的职场埋伏下一个强大的敌人。及时修复破损的人际关系，不仅关系到我们的人脉，也关系到我们工作中的难易程度。试想，失去面子的上级在背后拆台，这样工作还能继续下去吗？不愉快的心结解开之后，还应该考虑一下怎样在今后的工作中避免发生类似的问题。这样一来，既解决了发生的不愉快，又规避了可能发生的不愉快。

我们要在职场生存，就必须及时采取措施，修复恶化的人际关系，不要让上级成为破坏我们工作的幕后黑手，处处制造难题，加大我们的工作难度。人际交往构成了职场的主要内容，我们都是在复杂的心理对抗和妥协中不断成长与发展的。通过分工与合作、通过相互的包容，人们才能形成各种人际关系，才能在职场学到各种社会经验，完成社会化过程，从单纯走向成熟。我们离不开上级的支持，同样，上级也需要我们的支持，这是一种互利互惠的合作关系。

—————— **绕开陷阱** ——————

在权力和利益交织的职场中，不论是普通的员工，还是高高在上的领导，大家进入职场都无法不争抢这些东西。机遇和实惠总是有限的，有人欢喜，就会有人伤心。职场中免不了会遇到出卖、中伤、替罪羊的现象，种种料想不到的事情犹如设在我们面前的一口口陷阱，一不留神，就会掉入其中。如果这些陷阱是我们的上级所设，危险的程度就更高了。不可否认，有些上级的素质极差，是那种踩着下属往上爬的领导。在他们的眼里，下属就是他们的"棋子",需要的时候让下属冲锋陷阵,不需要的时候把下属一脚踢开。危急时刻只在乎保住自己的利益,对下属的死活、下属的职业前途完全不管不顾。遇到这样的上级,如果能自由选择工作的人还可以"虎口脱险",最怕的是不能随意调换工作的人,只能处于受人宰割的境地。如果我们能在职场中多一双"慧眼",事先能看出这些事情的发展趋势,并一一想好对策,在与上级的周旋中,便能逢凶化吉,百变不惊。

与上级交往,必须有一双火眼金睛,看透人与人之间虚虚实实的进退应对技巧。上级如何出牌,自己该如何应对,这可是比网络游戏更具趣味的事情。我们与形形色色的上级打交道,不要因为对方是上级,就完全信任他,应随时保持清醒的头脑。这样,自己才能渐渐地成长为有眼力的人,及时捕捉到问题的关键。

在这样复杂多变的职场里,我们应该学会适应、处理与上级之间的关系,更应该学会做人。以下总结了几条绕过上级陷阱的策略,相信它们会帮我们处理这种复杂的关系:

和上级不可随便交心

上级,有正人君子,也有伪君子之分;既有坦荡荡的人,也有阴森森的人。在复杂的职场环境中,不注意说话的内容、分寸、方式和对象,往往容易招惹是非,授人以柄,甚至祸从口出。有些上级故意引诱我们说出对其他上级的不满,然后把这些内容添油加醋地学给对方听,借对方的手给我们制造"麻烦"。有句话说得好:话到嘴边留三分,就是要我们说话谨慎,不要口无遮拦。

只有先保护好我们自己,才能发挥最大的战斗力,才能适应上级"精心"设计的工作环境,顺利地走上成功之道。因此,对上级说话一定要小心,不可轻易袒露心扉,尤其是对人品很差的上级。为人谨慎些对避开职场的误区,使自己置身于进可攻、退可守的有利位置,牢牢地把握职场的主动权,无疑是有益的。如果和上级交了真心,有时候会自寻烦恼。

孤军作战，注意保存自己

现代职场最无助的地方就是个人面对激烈的竞争、面对强势的上级，只能单打独斗，没有援军。不要指望哪个同事能和我们站在一起共同面对压力，职场同事没有那种出苦力的工友之间的真挚感情，往往还互相猜忌，尔虞我诈。正好被上级加以利用，各个击破。

这种环境，有如深入敌后、孤军作战的特遣队。一方面要敢于斗争，另一方面要保存实力。在势孤力弱的情况下，就要夹紧尾巴，千万不要露出心有大志、要做领导的样子，成为上级直接针对的目标。

不要替恶劣的上级"背黑锅"

上级出现失误，请求我们帮忙把失误揽过来，还许诺我们事后重谢，涨工资、升职等。连哄带骗，必要的时候还会威胁下属就范，强制性地让下属接受。许多人都不敢拒绝上级，幻想雨过天晴后，上级能兑现诺言。

其实一旦接受了这样的事实，就是职场中所谓的"烂好人"了，没有原则、没有主见、没有胆量。这种人不知是性格因素，还是有意以所谓的好去讨上级的欢喜，反正是有求必应，也不管是否值得。有时也想坚持，可是上级的语气一硬，声音一大，马上就软化下来，因为缺乏原则与坚持，导致是非难分。当事情不能解决的时候，便"牺牲"自己来成全上级。有时也想强硬一点儿，可是勇气总是欠佳，最终成为替上级"背黑锅"的人。"烂好人"在人际关系上是职场的"替代品"。上级因为这类人的弱点，会继续算计他、陷害他，得寸进尺，反正不会受到反抗，不会遭到拒绝。所有人都得到了好处，唯独这个"背黑锅"的人一点儿好处都没有。不要让上级觉得我们好欺负，要敢于硬碰硬，完全可以理直气壮地拒绝上级，这种"黑锅"一旦背在身上，职业前途也就毁了。上级答应的重谢事后多数情况都会打折扣，得不偿失。

不被上级当枪使

在职场里，上级难免碰上不便"亲自出马"的事情，而极力怂恿下属为其冲锋陷阵。我们要特别当心，不要被这样的上级利用，被上级当枪使。特别是在权力倾轧游戏泛滥的职场中，我们应该有自己的立场和智慧，才能生存下去。遇上人事斗争的问题，我们的态度最好是不表态，保持中立。

例如，上级突然对我们意味深长地说："王副总似乎很反对你就任山东的销售经理啊！"我们要冷静一点儿，不要发表看法，这当中可能发生了不少问题，有直接的，有间接的，总之不简单。表面上，我们应该表现得落落大方，微笑一下，反问对方："您听到了什么？"或者"您看到了什么？"这个问法可以收到很好的效果，看看他说出的事情是否可信。若上级是有心挑拨或试图获取情报，我们的话就没有半点线索可让他查到。上级要是真的想透露某些蛛丝马迹或小道消息，我们做到心里有数就可以了。我们不知道他和哪方面关系好，不要轻易表态，这样既保护了自己，又没有伤害别人。

不过，很多事情并不如表面那样简单，背后可能有不可告人的目的，精明的人必须提防陷阱，小心被人暗算。无论上级说的话多么令人气愤，在接受之前必须三思，否则，一旦我们发觉自己被上级当枪使了，会后悔不已。

绕开上级设计的陷阱要求我们看透上级的心理，不要被表面的现象迷惑，不要被我们的上级蒙骗。上级扔给我们的糖衣炮弹就是在对我们灌"迷魂汤"，一定要保持清醒的头脑，不要跌跌撞撞地自投上级设置的罗网。

——— 消除嫉妒 ———

嫉妒心理是职场中较为普遍的一种现象。如果我们工作在竞争激烈、职位上下变动频繁的单位中，每个人都可以通过自己的努力和成绩向上提升，成为部门的负责人或者更高一级的领导，这种工作环境就会出现上级嫉妒下属、压制下属的现象。在工作中，一旦看到我们比他们更出色，更有发展前途，他们就会"别有一番滋味在心头"，导致心理失衡。对我们明里暗里找机会做手脚、恶意拆台、增加任务量，甚至把我们调离重要岗位，或者找借口辞退。这些都是职场的丑陋现象，上级也分三六九等，也有好有坏，面和心狠的上级到处都是，我们要正确面对这些问题，积极想办法，巧妙地度过在这样的上级手下工作的日子，等待我们职场提升时机的到来。

上级的这种嫉妒心理是一种不正常的、希望保住自己位子的心理。这种心理感受一旦出现，往往会使上级过分关注自我。也就是说，他们非常重视维护个人的利益和突出自我。上级如果过于重视职场地位，戒备心很强，他们的另一种表现往往就是心胸狭窄，容不下别人。这样也就很容易产生强烈的嫉妒心理，有这样的上级盯着我们的一举一动，滋味确实不好受。我们在某些方面超过他们，上级不对自己的能力不足进行反思，反而把这种不满变成对我们的憎恨，刻意打压，甚至作出一些所有下属都看不过去的非理智的"破坏"行为。

如果发现自己的上级不能控制自我情绪，表现出强烈的嫉妒心理，我们又不想放弃先前付出的努力，也不想和上级拼个鱼死网破，就应做到及时调整双方的关系，保护自己的利益不受侵害。逆来顺受的心理策略是不可取的，要想办法消除这种嫉妒，就要给上级的心理找到平衡的感觉。

"让利酬宾"

上级因嫉妒而发狂，要让他不发狂的方法之一，就是分些好处给他。"拿人家手短，吃人家嘴短"，嫉妒之心也就淡化了许多。尽管我们会有些利益上的损失，如果能让上级不在工作中找我们的麻烦，不给我们的职业形象抹黑，还是值得的。这是最有效的一种实用策略。

以"伤心"的往事平衡上级的心理

人不可能总是锦上添花，编造些自己失意或者出丑的"伤心"往事，平衡一下上级的心态，上级听到我们也有不如意的时候，嫉妒心会消除大半。他们会暗自高兴，说不定还会喝着酒与家里人编排着我们这些所谓的"伤心"事。"伤心"的事最好与得意的人事有关联，例如，得到单位大领导的表扬，被上级嫉妒，就和上级说为了这个项目我"受尽煎熬，吃不香，睡不香，人瘦了 10 多斤，还额外搭进去自己的关系和工资，想一想真不划算，下次可不这么傻了"。若找不到关联的事，也可以找其他失意的事说说。上级听到这些话，嘴里虽然假装安慰我们，心理说不定已经乐开花了。有句戏言"人在职场飘，哪能不挨刀"，要想"不挨刀"，我们就要低调一点儿，自嘲一点儿也是保护自己的一种策略。

说些客套话

得意是事实，不能否认，如果我们得意忘形，上级的火气会更大。不如以退为进，说些"真是万幸啊"、"多亏了您的指导"、"我的心都跳到嗓子眼了"等不伤大雅的客气话。让上级觉得我们的能力不过如此，还不是他的对手，心理就会平衡，对我们的嫉妒心理就会降低了。

礼节周到

有了成绩后对上级要更礼貌一些，表明我们是一直接受上级的指导才取得这样的优异成绩，把面子给上级，上级再挑我们的毛病就是在否定他自己。上级会因我们的礼貌而感到好过些，就算心中嫉妒，也会因我们礼数周到，而以礼相待，不会撕破脸。

嫉妒是一种普遍的职场心理现象。常常在与我们地位相似、年龄相仿、经历相近的同事之间发生，上级也不例外。尤其上级某种程度上掌握着我们的职场命运，其嫉妒所产生的负面因素对我们的影响更剧烈。如果这种由愤怒、怨恨等组成的情绪体验得不到及时的排解，会累及我们辛苦培养的职场顺境，不但危害我们的工作本身，也会给我们的职场前景造成极大的障碍。

要找到解决问题的关键，设法消除上级的嫉妒心理，不要让它成为我们与上级间的障碍。有矛盾是正常现象，关键是正确对待，保持热情和积极向上的态度，为实现自己的理想而想办法化解上级的嫉妒心理吧！

淡化攻势

我们都希望做职场中的强者，在自己还年轻的时候建功立业。所有人都希望到达金字塔的顶尖，可是位置有限，最后成功登顶的往往只是少数几个人。有些上级在他的位置上自愿停步不前，想尽一切办法不让上级主管把自己调走，把自己的这个部门经营得和自家"菜园子"一样。他们信奉的条条框框是"铁打的营盘流水的兵"，不论下属多有能力，也得听其摆布，处处压制下属，不把下属放在眼里。下属要么屈从，要么另谋他就，这种人就是那些非常霸道的强势上级。这种现象无论是在机关，还是企业、公司或者学校都存在，当领导的对下属咄咄逼人，把部门当做自己的势力范围，视有能力的下属为潜在的威胁，欲除之而后快。

我们一般都不愿与霸道的上级合作，因为与他们合作有吃亏的迹象，在合作过程中常常会感到气愤、无奈、无助、无力。但是，这种情形又无法避免，忍让和妥协解决不了问题，反击又实力不够，淡化这种行为才是上策。出现这种情况的单位一般经济效益和社会效益都很好，为了丰厚的利益大多数人都选择了忍耐，对上级的强大攻势大多采取妥协的态度。

霸道的上级处处凌驾于下属之上，将平等的工作关系变成一种奴役关系。他们不懂得尊重下属，以个人喜好为标准，强迫下属按照他们的想法去做，完全不考虑下属的处境。他们的领导欲和控制欲非常强烈，下属如果不听指挥，他们就会施加各种压力，逼人就范。如果下属提出反对意见，不但不会使他们有所收敛，反而会变本加厉。面对这样强势的上级，我们得不到应该得到的尊重，不压抑、不愤怒几乎是不可能的。

霸道的上级其行为往往会超越我们的道德底线，他们会做出损人利己的行为，行为发生之后还能有好的结果，继续做官，继续拿着高额的奖金和福利，这是社会和经济发展的不公平现象所致。面对强势的上级，我们只能俯首贴耳吗？当然不是，只要我们了解他们的内心状态，掌握一些沟通的方法，就能有效地应对这类人。

从心理分析的角度看，追求外在强大的人内心往往掩藏着某种自卑和贪娄。外在的强悍往往是为了补偿内在的虚弱。上级担心我们比他们能力强，担心我们早晚有一天会超越他们，更担心我们会看透他们，知道他们的底细，所以才拼命地压制我们，希望通过这种方式让我们尊重、服从他们，成为听话的下属。其实，真正内心强大的上级不会刻意展示自己的力量，不需要把精力放在压制下属身上，因为他们是自信的，不需要通过凌驾下属之上来证明自己，真正有实力的上级一言一行都能体现出对自己职位的自信和捍卫。所以，我们可以运用一些沟通的技巧去和霸道的上级缓和矛盾。

与霸道的上级在一起要学会示弱

因为此类上级很怕别人认为他弱、会和他抢位置，那我们在跟上级合作的过程中，就要适当地示弱，让他们有成就感、有信心，让霸道的上级觉得不需要对我们发起攻势就可以得到我们的尊重。

在与霸道的上级沟通中坚守好自己的心理界限

我们可以示弱不战，但不允许他们任意地攻破我们的心理界限。当他们提出不合理的要求时，需要委婉地拒绝，告诉上级我们是有防守底线的。

示弱的地方恰恰是我们的强项

这是一种隐藏实力，避免在无效的时间里显现能力的方式。枪打出头鸟，就是这个道理。让霸道的上级觉得我们不是他的对手也就没有兴趣端他的架子了。

淡化上级的攻势不代表我们没有反击能力，要保护好我们的既得利益，在尊重上级的基础上进行沟通，防止他们变本加厉。适当地示弱，能让我们巧妙地跟强势的上级站在同一战线，感觉我们不是他们的敌人，我们发展的空间才会顺畅一些。

职场制胜技巧

上级在我们职场生涯中一直扮演着导师和教官的角色，我们与上级的沟通也掺杂着学习和无条件服从的特点。复杂多变的职场工作要求我们具备优良的综合素质，既要做好上情下达的工作，又要做好下情上达的沟通；既要联系左右，又要沟通各方；既要能处理办公室的事务，又要能为领导出谋划策；既要懂得现代化的管理知识以把握全局，又要了解各个部门的具体工作进程。要同时承担如此多的工作重担，同时兼具多项工作职能，不具备相当的工作艺术是难以胜任工作的。

归根结底，我们是在上级的领导下开展工作，工作的重心在于"完成上级下达的命令"。人都是靠思想、感情支配的，因此我们工作必然带有浓厚的艺术色彩。要更好地完成本职工作，更要出色地完成肩上的使命，我们极有必要掌握以下这些在工作中与上级相处的艺术。

—— 技巧1：让上级注意 ——

职场中常有这样的情况：有的人做了很多工作，承担了部门大部分的业务量，但升职、加薪的往往不是他；有的人虽然做的不是很多，但却引来上级的赞赏、同事的羡慕，加薪等好事自然也尾随而至……相信每个人都想做后者不想做前者，那么如何让上级看到我们所做的工作？如何让上级关注我们的言行？

有人以"让上级看到我们的表现"为题作了一次调查，有38%的受访者表示，上级主动看到了自己的工作表现；有27%的人认为，经过暗示和提醒上级才看得到表现；有35%的人认为，上级根本不注意自己的工作表现。

有的人工作尽职尽责，稳重和勤奋在部门里是有目共睹的，为了核对一个报表，不惜夜以继日，将白天做的工作重新计算一遍，以确保准确无误。然而，包括部门领导在内，没有人知道他到底多花了多少心思，做了多少额外的工作。相反，有的人，论业务熟悉程度不如前者，但工作的积极性很高，不仅虚心向他人请教，而且经常就工作中一些可改进的地方向上级提出合理化建议。在工作空闲阶段，只要看到其他同事忙得不亦乐乎，也会主动伸出援手；或者会自觉找到上级，要求承担额外工作。此外，如果有可能，他还会定期向部门领导汇报最近一段时间工作上获得的收获和遇到的困难。这样做一方面有助于他更好地开展工作，另一方面也能使上级了解他的实际工作量和工作中遇到的各种难题。

这两种工作表现的方式孰优孰劣，我们一眼就能看出来，问题是我们很大一部分人在工作中恰恰表现得如第一种情况的人一样。付出的精力和工作时间最多，工作量最大，实惠得到的最少，如果我们收获的是这样的结果，那么辛勤工作的意义何在？如果上级看不到我们的工作表现，我们做的都是无用功，这和"对牛弹琴"有什么两样？有的人很天真，认为只要自己努力工作总有一天上级会看到；有的人选择随遇而安，对上级能否看到并不是很介意；有的人则比较消极，甚至有破罐子破摔的想法。

我们可以肯定地提醒大家，默默工作的人在上级眼里永远是最合格的普通员工，不具有管理能力、沟通能力、领导能力，只能一直做员工。这就是答案，优秀的职场人会不断地包装自己，随时出现在上级的视野内，与上级保持着良好的沟通。事实证明，经常让上级看到自己工作表现的人升职、加薪、提干的概率都是最高的。在现代职场上，默默无闻、埋头苦干的人，往往得不到重用。一个精明的员工，不仅要会做事，而且还要会"表现自己"，才有机会脱颖而出。

要想让上级注意到我们的工作表现，首先要明白上级对得力手下的需求心理。正所谓"好钢要用在刀刃上"，选择直接和上级沟通很必要，表明我们是积极向上级靠拢，乐于接受上级指导的"可塑之才"，这样能避免做很多无用功，可以做到事半功倍。只有不理智的人会抱着"我付出努力工作了，问心无愧"的心理，这部分人需要好好反省一下，否则接下来的职场之路还是不好走。相当一部分人认为没有必要刻意汇报，他们乐观地认为上级一定能看到自己做出的成绩。其实如果我们想在单位有所发展，消极等待与一味地默默工作都是不可取的，努力找机会让上级明白我们的想法，知道我们工作的结果，明白我们工作中遇到的困难，才是积极的做法。

我们在工作经验不同的人身上可以看出很大的差别。上级不重视，刚工作的新人会有一大部分首选跳槽，也有少部分继续工作，主动与上级沟通的还是少数。随着工作阅历的丰富，许多职场人开始明白与上级沟通的重要性，会在工作时巧妙地出现在上级的视线内。工作5年后就会有更多的人选择"找机会与上级沟通"，而选择继续积极工作、消极等待上级发现的就更少了。在上级迟迟未能看到我们的表现时，我们有可能会选择跳槽，但是跳槽不是解决问题的办法；也可能抱着"是金子总会发光的"的信念继续积极工作，成为职场的"老古董"；只有真正聪明的人才会主动寻求良机与上级沟通，让上级注意到自己的工作表现。

想要与上级达到良好的沟通，必须站在上级的角度和立场来思考一些问题。如果我们这样做，上级的反应会怎样？他会不会接受我们表达的方式？这样的换位思考是十分必要的。虽然大部分职场人士都看到了让上级注意的重要性，但怎样的沟通方式效果明显？如何能让上级关注我们？以下几个方面需要我们注意：

● 正式和上级面谈。主动亮出我们的工作成绩，请上级帮助我们掌握方向，对工作遇到的困难请求上级的指导，表明我们是勤动脑、勤动手的优秀员工，这样有利于培养良好的心理素质。我们要在日常工作中锻炼自己，好的机会就存在于日常的沟通中，如果平时就有所准备，我们的表现会让上级刮目相看的。

● 定期发E-mail或向上级当面汇报自己的工作进程及成果。让上级知道我们这一段时间在做什么，做到什么程度，解决了哪些实际问题，下一步准备怎么做，还需要哪些支持。让上级一目了然，对我们的工作进度随时掌控，这也体现了上级的权威和我们对上级的尊重。

● 在会议中发言表述自己的工作成绩。充分利用公司的会议，让上级注意到我们的进步和发展潜力。一定要事先计划好我们想说的和要达到的目的，列出可能遇到的疑问和解决对策，开会时不要坐在会议室的角落里，要大声、清晰地说出我们的意见，并且要善于用眼神进行交流，发言要有逻辑性。

● 由信任的第三方来向上级表述，有时候迂回战术也是一种比较有效的方法。由第三方表述能体现出他人对我们的肯定态度，比自己直接陈述的效果更好。美中不足的是这种方法往往只能描述大概情况，不能太详细，否则就有说客之嫌。

● 尽量避免承担我们不能直接控制的工作。如果某项工作中的关键人员不是我们，而且我们并未得到足够的授权，就不必自告奋勇地站出来，这样的付出即使做出了成绩也和我们没有直接关系。同事间的相互帮助不是用这种方式表现的，把有限的精力投入到那些能真正给我们事业带来发展机会的工作中吧！

让上级注意我们，不只是停留在这些技巧上，而是要拿出真本事，"打铁还需自身硬"，让上级看到我们业务精湛的同时，还看到我们身上具备的综合能力，我们的职场道路才会越走越宽阔。

—— 技巧 2：协助上级决策 ——

上级有上级的烦恼，上级也有解决问题的压力。古代的县官都有个师爷，目的就是出谋划策。同样的道理，上级也希望自己身边能有个"师爷"，积极为他出谋献策。上级有时需要下属提出一些新颖而独特的"点子"。这些"点子"即使不一定被采用，也能给上级思考问题和作出正确决策提供一个新的思路。如果我们没有见解，就很难引起上级的关注。

有些人工作兢兢业业，就是不善于向上级提建议，这样对于一个管理众多下属的上级来说，他们往往就是一群容易被遗忘的人。在上级的眼里，所谓优秀员工，应该是上级的眼睛，可以看出一些不正常事情的苗头；应该是上级的传感器，能及时感知公司内部的冷暖变化；应该是上级的参谋，可以分析矛盾形成的原因进而提出解决办法。

我们的责任就是尽量减少上级做决策时的压力和困扰，必要时我们可以在上级取舍不定时助其一臂之力，提供我们一些"不成熟"的建议，协助上级作出决策。我们是上级落实工作的依靠，为上级服务，首要的就在于为上级的决策服务，协助上级决策也要讲究方法。

随机提醒法

抓住机会随机向上级提出新建议。日常工作中，遇到什么问题，有些不太成熟的想法，都可以顺便讲出来。这些建议，不一定对一项工作提出整套方案，也不一定对全局提出完整的看法，只要有创新意识，对工作具有推动作用就可以提出来。随机提醒法关键是"随机"二字。就是说，无论在什么时候，何种问题上，发现什么问题，或者上级突然问起某个问题，我们都可以根据自己的思考，讲出一些新的见解来。

这就要求我们：一要注意平时收集有关信息，平时做好对知识与信息的储备。二要巧妙掌握时机。应经常关注上级重视的热点问题，发现不好的苗头，就能立即提醒上级注意，并协助上级分析潜在的危险。在引起上级重视之后，能立即拿出可靠的改进方案。三要有全局意识。例如，我们提出的建议尽管是好的、可行的，但拿到全局来衡量，就显得分量太轻，或具有片面性，对统筹全局的上级来说，可能是"杯水车薪"，不被上级采纳。所以，我们只有了解全面的情况，才能在随机提醒中产生出积极的效果。

预测导向法

就是通过预测工作的多种结果，提出有远见、有价值的建议，促使上级向正确的方向下决心。从某种意义上讲，预测在决策过程中起着一种战略导向作用，如果预测失误，以此为依据进行决策，就会使事业蒙受重大损失。在预测活动中，我们要特别慎重，要注意收集有关方面的信息、资料、数据，尽可能详尽地对历史的、现实的状态和发展趋势进行分析，对未来可能发生的变化做出比较可靠的描绘，并针对未来的状况，提出相应的对策，争取把失误减少到最低限度。

咨询建议法

对上级即将付诸实施的决策，通过调查研究，以充足的事实，提出可行性或补充性意见。在咨询过程中，要特别注意几点：一是防止按图索骥。认为上级想定的方案就是深思熟虑的，不可改变的。我们应该不受这些因素的影响，实事求是地对方案进行正确的评估。二是注意客观全面。在收集资料、信息时，要到现场考察，及时发现问题。三是写出咨询报告。先提出初步的报告，与上级交换意见，取得上级的支持，在听取了各方面的意见之后，再写出正式的咨询报告，请上级考虑采纳。

提供资料法

将有关历史的、现实的，国内的、国外的，以及同行业的资料，提供给上级参考，使上级从中得到启示。提供资料法有主动提供和被动提供，即上级索要某个资料，我们马上能够提供；上级没有主动索要，我们已经明白上级的意图，能顺势提供。

比较选优法

在上级决策时我们提出多种方案，供上级从中选出最佳的方案。这就需要通过比较加以鉴别，在应用比较选优法时，要注意：一是头绪要清晰。将最管用的、最有效的方案交给上级，供上级选择。也就是现代管理学所提倡的"议决分离"。二是分析要透彻。应尽可能对所有参与比较的事物进行透彻的分析，不仅要分析参与比较的各方案的整体情况，还要分析各方面的内部结构；不仅要分析各个环节的有利因素和不利条件，还要从整体分析它们的利弊得失，从而在比较中得出较为可靠的结论。三是比较要全面，要特别防止掺杂个人感情因素。

补充完善法

某些方案是因多种因素的变化产生了某些缺陷而进行的修订和调整。补充完善法可适用于初定方案、正在执行的方案、已经使用过的原有方案等。在使用补充完善法时要特别注意：一是慎出异言。当上级将自己的决心和确定的方案向我们征求意见时，一般是很有把握的，我们首先要确认该方案的合理性和可行性。在总体肯定这个方案的基础上，指出不足和需要补充的部分，不能略加思索或者不加思索就大论特论，引起上级决心动摇，思路混乱。要正确地分析和理解原方案，才能起到补充和完善的作用。二是抓住重点。上级的有些决心和已定方案，可能毛病很多，但不必从头议起，应经过缜密的分析，抓住问题的核心，把存在的主要问题准确利索地点出来，为上级决策提供参考。

在辅助决策的过程中，应该注意以下几点：

● 摆正位置，主动而不越位。决策是上级的主要职能之一，因此决策方案的选择、判断等关键性步骤，必须由决策者完成，最后的决策也还是需要上级做出。我们只是领导决策的参谋、助手，必须摆正自己的"协助"位置，才能保证协助作用的正常发挥。

● 必须遵循科学决策的程序，在协助决策的过程中，不仅自身要遵循科学决策的程序要求，也要随时提醒上级注意科学决策的程序。

● 注意做好保密工作。我们在参与协助决策的过程中，往往会接触到许多机密事项，因此必须树立高度的责任感和使命感，注意机要保密，不随意谈论、泄露决策中的机密内容，维护国家和集体的利益安全。

每个人的想法和感觉不尽相同。作为下属，如果要让上级重视我们，就必须抓住适当的机会，将自己的想法和愿望主动、及时地表达出来。让上级及时地听到我们的声音，这一点很重要。所以，有什么好的意见、建议，应该大胆地说出来，让上级听见。

———— 技巧 3：维护上级的尊严 ————

中国传统观念对职位高低、长幼之尊分得很清楚，尊老爱幼成为了我们生活中的美德之一。职场之上，也有同样的道理。一个组织中职位设计的结果形成了上级与下属不同的职级差异，指挥与服从，管理与被管理是天经地义的，不要错乱了这种关系。有的下属，因为与上级私下交往比较熟，显得比较随意，会把这种熟悉表现在一些正式或者对外交往的场合。和上级称兄道弟，开上级的玩笑，说上级的糗事，一两次也就罢了，次数多了，就会影响上级对这个下属的心态。

忽视上下之分，会被人看为不知深浅。当上级的权威和尊严在下属不经意的玩笑或不分场合损伤的时候，上级对这个人的看法就会从亲近走向截然相反的一面。到头来，吃亏的还是自己。应当记住，上级任何时候都是上级，维护和敬重上级的权威和尊严，是一个好下属必须做的事情。"官大一级压死人"是下属私下的牢骚话，也是场面上必须遵守的铁律之一。让上级没面子的人，上级会让他没饭碗。

一般地讲，上级的面子在下列几种情况下最容易受到伤害，必须多加注意。

● 上级出现失误或漏洞时，不愿被下属批评纠正。有些人直言快语，嘴上没有把门的，发现上级的疏漏马上就给指出来。向上级提示其出现失误时，应该显得我们只是在提醒他某种"他本来就知道，不过偶然忘掉"的事情，而不是某种要靠我们指点上级才明白的东西。

● 上级至上的规矩受到侵犯。在公开或正式场合，一般的上级都喜欢下属恭维自己，讨厌下属抢镜头、抢次序。尤其是一些上级平时与下属距离过近，界线不分明，平常嘻嘻哈哈，随随便便，甚至称兄道弟，把下属惯坏了，下属心目中的领导意识淡薄了，一遇正规场合就可能伤害上级的尊严。

● 在别人面前显得与上级很亲近。上级都不喜欢别人把自己当做招风的幌子，到处炫耀，即使和上级比较熟悉，也不要在众人面前夸夸其谈。

● 上级理亏或有不雅举动，一定要给他台阶下。眼看着上级要出丑，反而幸灾乐祸的样子会让上级怀恨在心，找个理由就可以做双"小鞋"给厌恶的人穿。

● 即使在非工作场合，也不能把上级当普通人看，让他失了面子。面子和尊严之所以如此重要，根本原因在于他们与领导的能力、水平、权威性密切挂钩。上级喜欢与下属下象棋，常常被同一个下属杀得丢盔弃甲，这个下属还自鸣得意，最终被调离办公室，去了基层。

● 不冲撞上级的喜好和忌讳。喜好和忌讳是多年养成的心理和习惯，有些人就不尊重上级的这些习惯。

上级都爱面子，很在乎下属的恭谨态度，有的还以此作为考验下属的方式，以便摸清下属对自己尊重不尊重、好不好领导。有些人对上级不满，虽不当面发泄，却在背后乱嘀咕，有意诋毁上级的名誉，揭上级的老底，没有不透风的墙，被上级知道，后果可想而知。

要懂得职场的潜规则，应该了解哪些是上级最在乎的事情，哪些是上级最引以为荣的地方。如果冒冒失失，让上级没了面子，轻者被上级批评或大骂；遇上素质不高、心胸狭窄的上级，更会暗地里被穿小鞋，甚至长时间被打入"冷宫"，职位纹丝不动。还有，与上级相处时，不要锋芒毕露，让上级感到不如我们。多数上级都希望自己比下属有能力，然而事实却经常相反，工作中上级会时时发现下属在某些方面有杰出表现，甚至超过自己。为了不伤上级的面子，明智的下属应该尽力收敛锋芒，尽力不刺激上级那固执的自尊。他面子上满足了，就容易接受我们了。

在公开场合一定要维护上级的权威！有损上级形象的事情不要传播，多帮助上级树立权威，悄悄为上级解围，巧妙地替不胜酒力的上级挡挡酒，让上级因为我们的行为而更有面子。我们所做的这一切，目的就是一个，增强上级信任我们的心理，这是与上级沟通感情的巧妙方式。

——— 技巧4：提示上级的错误 ———

一般情况下，如果是下属做了错事或在工作中出了一些小毛病，上级就可以不绕弯子，直截了当地给予批评，而无须有诸多顾忌。批评的人，觉得理所当然；被批评的，觉得天经地义。然而把这种情况反过来，上级出现了错误，我们就不能直截了当地指出来，必须采用一些巧妙的方式，善意地提醒上级。俗话说，人非圣贤，孰能无过。上级也一样，只要工作，就免不了会有失误或出现指挥不当。

如果上级偶尔不慎做出错误的决定，我们当面指出，上级难免会认为下属是在向自己的权威挑战，伤害了自尊，而有些下不来台。应该说，任何一位上级大概都不会希望这样的局面出现。

在历史上，不乏忠贞之士因直谏皇帝落得惨淡收场的事例。之所以如此，很重要的一点在于劝谏者没有推敲居于上位者的心态，损伤了他们的自尊心。当其自尊心受挫之后，感到自己威信受挫，进而恼羞成怒，直谏者的末日也就到了。当然，现代职场社会不会再出现封建王朝时代的悲剧了，但搞得不好，也会使上下级之间心存芥蒂、耿耿于怀、终日不快。如若碰上心胸狭窄、刚愎自用的上级，也许还会被降职、调离，甚至被炒鱿鱼。

随着社会的进步，人们平等观念的更新，人际关系的改善，干群关系、上下级关系也发生了可喜的变化。干群之间、上下级之间，也会相互尊敬、相互谅解、平等亲近。然而，尽管如此，人们还是习惯上级批评下级，而并不敢也不善于向犯了错误的上级提出批评。所以，身为下属，如果我们真的发现上级在工作中出现了错误，并且决意要向他指出的话，那么我们就必须选择合适的时机，采用合适的方式，才能达到预期目的，收到最佳效果。

指出上级的错误，没有一个固定的应付模式。要看上级的脾气秉性、犯错的场合、错误可能造成的影响。还有，要看我们在单位里的职场地位，与领导的人际关系等各方面因素，尽管如此，仍然有一些被许多人推崇的"原则"可供我们参考。

不要在众人面前指出上级的错误

如果上级错了，不要在众人面前指出。在工作中与上级发生冲突、产生分歧，可以进行辩论，但如果上级怕失面子、情绪比较激动、心情欠佳的时候，我们就需要自己委屈、忍耐一下，等到他情绪稳定、头脑冷静、心情舒畅时，在平和的气氛中阐述自己的意见，以取得沟通。上级毕竟是上级，需要维护其尊严和面子，古今中外都是这样。即使上级工作中出现错误，他也应该拥有一定程度的被尊重。不可以不为上级留情面，更不能成为事后大家谈论上级的笑柄。如果一定要让上级知道他的错误，我们应该在适当的场合、适当的时间私下找上级聊，谈谈自己的意见和看法。

不必据理力争

如果上级说错了话，不管在什么场合，这些错话并不影响我们的利益以及我们所负责的工作时，我们不必据理力争，可以采取装聋作哑的方法。这是一种揣着明白装糊涂的办法，它可让我们避免一些是非，也避免让上级陷入尴尬和窘困的境地。和上级之间的冲突有时是在所难免的，吵闹不能解决问题，反倒有可能断送了机会。谁是谁非也许并不重要，即便是我们对了上级错了，我们也应开动脑筋为上级寻找一个台阶，把面子留给上级。

先服从并执行

实际上上级说错了话还不算严重，最难办的是上级作出错误命令，而且还不听下属的忠言，一意孤行。如果我们必须执行自认为是错误的命令，那我们唯一能做的是：服从上级的命令，认真去执行。在执行的过程中，要积极主动地报告我们的工作进度和工作中出现的问题，根据我们不断报告的工作进展，上级就会发现其中的错误，是中止还是继续？他会清楚的。即使上级没有纠正，最后证明上级错了，我们也不要难过，毕竟我们已经尽了力。

在这里我们应该先服从上级，既然是我们的上级，肯定有比我们强的地方。上级所拥有的不只是学识，还有他在工作中多年的阅历，可以这么说，绝大多数上级都是行业的前辈，以他的经验和知识为基础，上级犯错的比例一般比我们低。有时看上去似乎是上级错了，可结果证明上级对了的事情并不少见，因为上级和我们站的角度不同，思考问题的方法不一样，和我们自然会存在某种差异。

由于每一位上级的脾气、性格、学识、资历、兴趣、爱好及习惯各不相同，所以指出上级缺点错误的时机和方式也应因人而异。比如，我们可以趁着与上级一起共进午餐、体育锻炼或去外地出差时，以自然、随便、朋友式的态度以及低柔的声音和委婉的语言向他指出其不是之处。但切记不要过火、不要没完没了，而要轻描淡写、旁敲侧击。既要达到治病救人又不伤害上下级之间的感情，需要讲求批评的技巧，即注意批评的时间、地点、方式、方法，否则，将会适得其反。采取"有则改之，无则加勉"的态度，上级较容易接受。要使谈话的气氛尽量轻松一些，因为严肃的气氛易使上级产生戒备心理，对提出的批评意见产生反感，抑或生气。选择或制造一个轻松和谐的环境，就可以扫除这一心理障碍。一方面，尽量以个人、朋友、晚辈的身份提出意见，让上级感到我们是真心诚意地帮助他，并无其他目的；另一方面，用间接、委婉的语气阐述自己的看法，而不是采用过激、直接甚至严厉的语气。因为过分的指责会激化矛盾，使上级失掉面子，伤其自尊，严重者会引起打击报复。

要学会察言观色，如果他毫无悔意，竭力为自己辩解，我们就要收口了，千万不可一口咬定他的错处，更不要强迫他承认自己有错误。因为有时上级心里已经承认了他的错误，而且也接受了我们的规劝，只是碍于尊严和脸面，在口头上做一下挣扎罢了。这时，我们就应该立即巧妙地转移话题，最好能不露痕迹，让他重新感到心情舒畅。当然，假如他能够诚恳虚心地接受我们的批评，且坦率地表示自己有错时，我们也应该见好就收，适可而止，还可以找一些客观原因替他开脱，使他在心理上轻松一些，而不必过于自责、难过。

在劝谏之时千万要记住，上级终究是上级，下属毕竟是下属。劝谏的成功与否，取决于我们是否能够恰到好处地把握劝说的时机、方式和方法。当然，强烈的责任心也是其能否成功的重要因素之一。我们都清楚"上级的权威不容置疑"这个道理，无论什么类型的单位，也不管这个单位是大是小，都必须使全体人员具有尊重权威的意识，并且要依据权威的指令去办事。技术有技术的权威、管理有管理的权威，只有充分利用权威的说服力，才能消除许多工作上的疑虑，使大家勇于冲刺，使事业欣欣向荣。因此，我们在向上级暗示其错误时，一定要注意尊重上级的权威，劝说时多一些语言和行为艺术，倘若这样，上级肯定会把我们当做他的知己。

──── 技巧5：向上级进言 ────

上级有时会征求我们对某个人或者某件事情的看法，或者让我们对某个项目发表真实意见。此刻，怎么做？是含糊其辞地说几句不着边际的话，还是慷慨陈词、直抒心意？当今职场钩心斗角，大家都抱着"少说多看"的态度，平时都是眼观六路、耳听八方，能不说话就不说话、能不发言就不发言。

上级让我们谈谈看法，是说真话还是说场面话，确实有些难以把握。我们的建议是，对于昏庸的和不可理喻的上级，决不可实话实说，而是放任他们，让事实教训他们。我们没有义务为这种上级贡献自己的聪明才智，如果有谁对这样昏庸的上级奉守诚实的原则，做职场"老好人"，那实在是不可救药了。

比较好的做法是，当开明的上级征求我们意见时，我们不妨坦然表明自己的真实想法。不管我们的想法是对是错，直言相告都不会影响上级对我们的评价。有话憋在心里不说出来，是瞒不住上级的眼睛的，含糊其辞只能说明没信心，对上级不信任。若是很在意自己的意见，不愿意草率发表观点，也可以负责任地告诉上级，容我想一想，想清楚了再做汇报。再向上级汇报问题前，尽可能地进行调查分析，作出我们认为正确的结论，然后向上级汇报，请上级把关。

从管理的角度来讲，下属在向上级进言时，必须实事求是，是喜说喜，是忧说忧；不夸大成绩，不缩小缺点。只有坚持这个原则，上级才会了解到真实的情况；也只有坚持这个原则的员工，才是诚实可靠、值得上级信赖的下属。但是，我们必须知道，原则不等于策略，换言之，原则不能代替方法。即使是非常开明的上级，向其进言也要注意讲究报喜与报忧的策略，绝不是实话实说。

▲▮ 减少主动性

无论是评价人或是评价工作本身，只要不是指定由我们来作答，就应该少说为佳，不说最佳。因为，议论人或者工作本身就是一个分清"是非"的问题，不管是说公，还是说私，都会涉及具体的人，如果上级的嘴不严，很有可能会把我们的话泄露出去，本来对上级是一片好意，结果却成了单位里不受众人欢迎的人物。更何况有些素质低下的上级常常混淆黑白，是非难辨，弄不好恩将仇报，得不偿失。所以，闭上自己的嘴巴，不要主动到上级那里评判别人的是与非。

受宠不必惊

假如上级有兴趣和我们一道议论工作的成绩与失误，切忌忘乎所以、纵横议论，把所看到的、听到的、猜测的信口开河倒出来，这是一种不谨慎的表现。不少上级有时故意宠爱某个下属，目的就是为了掌握所有下属的日常行踪，把爱打小报告的下属变成上级安插在部门内的"第三只眼"。只有那些在受宠时能够保持冷静和理智的员工、不信口雌黄的员工，才能被称为受宠不惊、聪明的员工。

顾此失彼

向上级进言，原则上应注意只谈自己，不谈别人。实事求是地讲，一个人只能对自己的所作所为有发言权。别人的表现，应由别人自己去说。我们不要大谈其他同事的工作和生活细节，这对我们没有益处。向上级进言，要以自己为中心，把握两点：一是报喜报够，把自己取得的工作成绩都向上级讲清楚；二是报忧报透，工作上和生活上遇到的难题、工作上的不足，向上级做透彻的描述，不要期盼上级发现我们的困难，那是不现实的。

忌揽功推过

有意夸大自己的作用和贡献，把过错和应负的责任向别人身上推，开脱自己，给人的印象是文过饰非，不诚实。采取这种态度和做法的人，可能会在眼前利益上得实惠，但是从长远看，会吃大亏。

👤▪ 成绩归何人

在谈到成绩和贡献时，不要忘记上级的作用。善于把成绩归功于上级的下属，看似是一种大智若愚的行为，其实是对上级的精神褒奖，上级在笑纳精神褒奖的同时，会把物质奖励颁给下属。

👤▪ 实话实说

向上级进言时，应该是实话实说，把实际情况反映给上级，这是一种对上级、对工作高度负责的行为。但是，这种实事求是、实话实说的行为，只能适用于那些开明的、有胸怀的上级。而对于那些心胸狭小、刚愎自用、喜欢下属"拍马屁"的上级而言，实话实说就是一种罪过。讲了这类上级的管理弊端、工作失误、用人不到位等，上级找借口报复，就只是一个时间问题。因此，实话实说的关键是先摸清上级是哪一类人，绝不做职场上诚实的傻子。实事求是、实话实说，是一剂良药，它只能用于那些清醒和豁达的上级。

进言的学问，历来是下属与上级采用打交道时所必须注意研究的重大课题。应该了解和掌握相关的技巧和方法，对不同的上级采用不同的进言方式，才能利于和谐，长久共事。

—— 技巧 6：让上级放心 ——

有的人经常抱怨，上级对自己不放心，总是插手自己的工作，像个管家婆似的，天天盯着自己的一举一动。还有的人觉得在单位的发展不那么尽如人意，上级总是限制自己的发展，不把重任交给自己，指责上级待己不公。类似的现象还有很多，为什么会出现这个情况，是上级真的对这个人不放心吗？不是的，如果我们是一个领导，遇到推一下走一步的下属能放心吗？一个做人、做事都无法让上级放心的人，必然会成为上级重点照顾和看护的对象。所以，上级就处处看着下属的工作，不敢对下属放权，担心一旦下属脱离了控制，就会出现工作失误。

上级都喜欢尽职尽责完成工作、不把问题留给别人的下属，上级会放心地把工作的重担交给他。一个能和上级一样有责任心的下属，将上级下达的工作当成自己的使命，勤奋努力，积极主动，以上级要求的心态对待自己的分内工作，这样的人才是一个值得上级信赖的人，一个上级乐于重用并可能成为得力助手的人。

让上级放心，不是一句空话，上级的精力有限，不能具体负责各项业务，这就需要上级在经营管理方式上做出变革，权力下放，赋予下属更大的发展空间。

一个下属如果想要成为让上级放心的员工，就一定要从责任、自律、合作等各方面加以锻炼和提升。要有独立完成工作的能力，并且保质保量，才有机会得到上级的信任，获得施展才华的舞台，创造价值，成就自我。如果取得了上级的欣赏和认可，也就达到了让上级放心的目的。可以从以下几个方面加强上级对我们的认可程度，对我们的工作放心。

做解决问题的人，不做制造问题的人

鸵鸟遇到危险，会拼命奔跑，跑累了，就把头埋在沙子或草丛里，以为这样天敌就看不见自己了。这样不会解决问题只能使问题的严重性变大，当我们意识到工作上出了问题，就应卷起袖子，行动起来，做一个解决实际问题的人。不要推诿，也不要做口头的巨人、行动的矮子。

我们把遇到的问题看成是必须解决的事情，而不是沮丧的事情，就会变得更有自信。当我们学会解决一个特殊的问题，就会成为这方面的专家。相信自己的能力，向上级咨询，从他们那里得到智慧，在挑战和变化中继续向前。避免一些消极的言语或是一些令我们泄气的话。解决问题不是一帆风顺的，而是取决于我们的决心大小。

做守规矩的人，不做越权的人

大胆工作，认真履行好职责。思想不越位，善于领会上级意图；在实际工作中不越位，做好分内的工作，不谋官位、不谋私利、重实绩不图虚名、不自作主张、及时汇报、让上级放心；重要场合不抢位，作为下属要摆正自己的位置，时时不忘自己是"配角"。尤其在一些重要场合，不要想着突出自己。

做勤快的人

对自己职权范围内的事情，只要看得准、拿得稳，就要大胆实施。分管的工作要真管、敢管、善管，在急、难、险、重工作中起先锋作用。

做善于合作的人

我们与上级是事业上的搭档，又是共同工作的帮手。相处中应消除心理上的"防御状态"。有容过之量，正确看待上级的失误，并积极主动承担分内的责任；善于发现上级的长处，主动向上级学习和求教，使自己发挥更好的先锋作用。

做受得了委屈的人

当自己的进言和计划不被上级采纳时，要回过头来冷静地思考自己的意见是否正确。即使上级误解了自己，也要心平气和地说明自己的观点；如果自己的意见还是不被接受，也要从全局出发，按上级意图办事，谋事不谋人。

做负责的人

对结果负责的人，就是对自己负责的人，这是一个职业者的基本素质，也是最值得挖掘或培养的领导素质，敢于负责任的人前途是非常光明的。

让上级对我们放心，就要有让上级放心的理由，养成经常汇报的习惯，让上级知道目前我们在干什么，我们的工作进度到哪里了，一切工作进展都在上级的可控之中。这样的工作态度哪个上级不喜欢？上级喜欢听话的下属，但是更喜欢那些既听话又能帮他把事情做漂亮的下属。

—— 技巧 7：为上级解围 ——

工作中遇到困难时，我们通常希望上级能帮我们解围，这几乎是人之常情。其实，对于上级和下属来说，工作上的支持是相互的和对等的，处于工作焦点中的上级，同样也期盼下属在关键时候能帮助自己解围，只是上级的这种心理需求由于种种原因不便轻易暴露而已。作为下属，如果能善于为上级解围，不但可以获得上级更多的赏识和信赖，而且也可以提高自己的工作能力。那么下属应该在什么时候为上级"解围"？

上级公务繁忙时巧妙解围

按理说，作为领导，不应该淹没在冗杂的日常事务中，而应把精力主要放在重大决策和进行战略思考上。但在实际工作中，上级常常成了公务的"集散地"，一方面，忙着把上层的指示精神领回来，把群众的愿望、要求带上去；另一方面，又要把它们化作各项工作任务层层落实。大小决策要拍板，大小会议要到场，大小责任要承担，因此一年到头有开不完的会、签不尽的文件、处理不完的大事小情。在这种情况下，真心体贴上级，有事业心、责任感的下属除完成好上级交办的各项任务外，决不应袖手旁观，"任凭风浪起，稳坐钓鱼台"，而应努力做到"该出手时就出手"，帮上级解围。

首先，要了解上级的工作动态，这是为上级解围的前提，要使自己成为一个"有心人"。当上级布置近期工作任务时，一定要认真倾听，做到心中有数。同时，要注意观察上级哪些时候焦头烂额，哪些时候忙不过来，有哪些事情急着要办而又无法分身，哪些工作或工作中的哪个环节自己可以帮忙解决。

其次，要主动请缨。有些事情，可以由上级亲自办理，也可以由下属代办。但是如果上级不了解我们的想法，没有掌握我们有办好此事的专长，或者认为我们也比较忙，不忍再给我们增加工作负荷，他可能自己再忙，也不会向我们开口。在这种情况下，如果向他主动谈谈我们的心思，向上级坦言什么时候、有哪些事自己可以帮其代办，上级会有一种如释重负的感觉，从而把一些能放手的工作放心大胆地交给我们去完成。

最后，可以悄无声息地帮上级做一些力所能及的外围工作，为上级决策或处理问题营造一个良好的环境。例如，帮上级做些调查研究，搜集掌握一些重要的信息和情况，主动为上级做一些基础性的辅助工作，协助上级与有关部门做一些必要的沟通、联络性工作。

上级被人误解时说说话

上级常常处在矛盾的锋尖，许多时候稍有不慎，说话做事就容易被人误解。而且由于处理问题站的角度和高度不同，他们有时可能会牺牲局部或小集体的利益去顾全大局。而这时上级无暇去做或者由于种种原因不便做过细的解释，有时上级自己说一百句，比不上他人帮其说几句。此时，作为知情的下属及时地加以解释，让他人豁然开朗，一些怨气、牢骚甚至怪话便会烟消云散。帮上级说说话，要注意以下几点：

● 要掌握适当的场合。帮上级说话主要是两种场合：一是在上级不在场的情况下帮上级说话，主要帮助其阐释清楚有关事情的真相、上级的意图或主管单位的有关政策精神。二是上级在场的场合，此时帮助其说的主要是那些根据事情的性质和上级本人的身份不便于具体解释的情况。

● 要注意掌握事情的真相、介绍有关情况时尽量做到客观准确。如果对事情的真相一知半解，帮上级说话，不但不能起到好的效果，反而可能招来种种嫌疑。

● 要注意自己的身份。一般说来，上级身边的工作人员或事情的参与者说的话，大家接受的程度相对要高一些。在帮上级说话时要注意自己的语气和口吻，说话时语气要谦恭、态度要诚恳，如果给人以盛气凌人、高高在上甚至阿谀奉迎的感觉，可能不但没有达到为上级解围的效果，反而会引起他人对我们的反感。

上级陷入纠缠时挺挺身

接待员工或者群众来访，为其排忧解难是上级的重要职责之一，但来访员工或者群众反映的问题，有时不是某个领导个人能解决得了，一下子能解决得好的。而且，会有少数素质不高的人，为局部利益或一己私利提出一些不合理的要求，他们常常强求上级当场解决，或者越职、越权、越位作一些无原则的答复。如果上级没有立刻解决问题，便软磨硬泡，隔三差五地来找。这种纠缠，不但影响了上级的正常工作，而且给上级带来了不少烦恼。在这种情况下，作为下属可以挺身而出，帮上级解围。避免上级被纠缠的最好办法是帮助其接待来访，代其接待来访有以下两种方式：

● 单独代上级接待。按理，基层反映情况不应当越级进行，但现在有些人对职能部门的作用不信任。这除了职能部门自身的原因外，许多人认为非得找上级方能解决问题，这样会使上级自觉不自觉地陷入一些日常性或局部性的问题处理之中。所以，下属有责任也有义务帮上级做一些接待工作，能解决的问题尽量不拖不推，无法解决的要向上级汇报。这种做法，能为上级节省许多时间和精力，也能有效地避免纠缠的情况发生。

● 与上级共同接待。在征得上级同意的情况下，与上级一起接待来访，帮上级出主意想办法，对一些员工或群众提出的不合理要求，要勇于扮"黑脸"，利用有关政策向来访者表明不能解决的理由，给上级的回绝做好铺垫。对一些需要放一段时间才能解决的问题，当着来访者的面，接受上级安排的任务，当来访者再次找人时，让自己成为来访者理所当然的受理者。另外，当上级被来访者反复纠缠时，可采用"脱身术"，告之来访者上级另有急事，将上级请开后，再替上级认真做好来访者的工作。

上级疏忽大意时提提醒

正所谓"智者千虑，必有一失"、"当局者迷，旁观者清"，最精明、最谨慎的上级也有疏忽大意的时候。事情常常是这样，由于一个小小的疏忽，给上级的工作带来许多被动，甚至使工作蒙受不必要的损失，受到主管单位的批评。作为一个爱动脑的下属，完全有可能发现上级在工作中出现的纰漏并帮助其查漏补缺。在提醒上级时，一是建议要中肯。要尽量做到具体实在，不能泛泛而谈，否则会让上级一头雾水。二是理由要充分。上级在设计一个方案时一般是经过深思熟虑的，如果我们要想完善或改进方案，一定要有充足的依据和理由。三是方法要讲究。方法得当不但更容易让上级接受我们的建议，而且明白我们为其解围的良苦用心。

当上级需要解围的时候，说明事情的发展让上级已经有些力不从心，难以定夺了，或者超出上级的权限，上级有难言之隐。这个时候，如果我们能及时帮助上级解围，让上级暂时脱身，会使其冷静下来充分考虑万全之策，化解眼前的危机。事后，上级一定会感激我们的"及时雨"，对我们关键时刻的"一臂之力"念念不忘，说不定我们就此成为上级的得力助手也有可能。

——— 技巧 8：为上级挡驾 ———

我们在接待工作中，常常会遇到一些不请自来的销售人员，或者是求助上级的来访者，或者是前来要账的客户等，这些人没有预约，还急于见到上级，严重扰乱了上级正常的工作秩序。对这几种情况，我们要本着不违背原则、不怠慢来访者的宗旨，机智灵活地妥善处理。

当客人要求面见上级时

一般的来访者普遍有一种心态，认为只有上级才能解决他们的问题或满足他们的要求，所以不管大事小事，都要找主要领导。当来访者提出这个要求时，我们要根据具体情况加以处理。

● 对于无理取闹、态度恶劣、脾气暴躁的来访者，不宜上级接待，应坚决挡驾。

● 来访者所反映的情况比较重要，但上级因处理重要问题分不开身，可暂缓安排面见。

● 我们不能确定问题的性质和上级的态度，可先行挡驾，待请示后再作安排。

● 没有预约的销售人员，必须请示上级后才可让其进入上级的办公室。

当客人贸然来访时

遇到这种情况，首先，我们要弄清来访者的身份，包括姓名、工作单位、职务等；其次，问清楚来访意图，初步了解来访者想要达到的目的；最后，向上级汇报贸然来访的客人的情况。在没有向上级汇报前，不能给予来访者肯定的答复。因为上级有可能没有时间，也有可能不愿意见这位来访者。而经过联系后，上级如没有时间或不愿意见来访者时，我们就要灵活、机敏而又委婉地拒绝来访者。

当来了不受欢迎的客人时

在接待工作中，有时会遇到一些不受欢迎的人，如为一点儿小事纠缠不休的人、多次跑来索取赞助的人或提出一些无理要求的人等。对于这样一些不受欢迎的来访者，我们也要以礼相待，显示出自己的涵养和风度。首先要弄清来访者的姓名、所在公司、有什么事情，了解了来访者的意图后，迅速请有关部门接待，并及时向上级请示、汇报。总之，以尽量使他们少干扰上级和自己的工作为宗旨，同时又要使他们感到没有受到怠慢。

当上级不在办公室时

在这种情况下，我们应及时向客人说明情况，请求谅解。如果客人愿意等一会儿，我们应先陪客人谈谈，并问清客人的意图，电话告知上级这里的情况。如果等了一段时间以后，上级还没有回来，就应征求客人的意见，看他是否愿意再等一会儿，或者是否愿意先回去，等上级回来后，再与他联系。如果上级外出时有交代，那么就要照上级交代的意见办理。

接待工作中的意外情况是多种多样的，遇到这些情况时，既要坚持原则，又要机智灵活地妥善处理。对客人的不合理要求，要学会委婉拒绝；对干扰上级工作的客人，要巧妙挡驾；对于客人的糊涂想法，要耐心劝解。在接待中解决问题，才是高水平的接待。

——— 技巧 9：为上级承担适当的责任 ———

有些人工作出现失误，为了避免承担责任，千方百计地把责任往他人身上推。还有的人一听说要承担责任，对上级安排的工作想尽一切办法不接受，似乎承担责任就是世界末日的到来。人们往往对于承认错误和担负责任怀有恐惧感。因为承认错误、担负责任往往会与接受惩罚相联系。有些不负责任的员工在出现问题时，首先把问题归罪于外界或者他人，总是寻找各式各样的理由和借口来为自己开脱。在很多管理者看来，这些都是无理的借口，并不能掩盖已经出现的问题，也不会减轻要承担的责任，更不会把责任推掉，反而给人留下不负责任的印象。

很多人都认为，上级承担责任是理所当然的，因为他们的收入高，而且还是领导。下属只是一个听候命令的小兵，哪能承担得起责任呢？这个观点是极其错误的，管理学认为，不敢承担责任的人是不适合授予重任的，也是不适合在职场工作的。

下属犯错误，主要的责任在上级，大部分的责任上级都会担当起来，以保护自己的下属免受处罚，如果下属连一小部分的责任都不肯承担，上级不但很失望，还会对下属的能力和人格产生怀疑。

很多人不能清醒地认识到工作中承担责任的范围，要么不负责任、要么就是责任心过重，这两个极端都不利于自己的发展。在职场中我们倡导承担适当的责任，尤其是和上级一起承担适当的责任非常重要。

在上级的眼中，一个有责任感、勇于担当的下属是值得信赖的下属。这个责任感既表现在我们平常的本职工作中，更表现在一旦出现问题时，关键时刻能够敢于挺身而出，替上级分忧和主动揽过来的行为。一些有经验的下属，在这方面做得很巧妙。除了严重性、原则性错误以外，在某些特殊情况下，出于对工作和保护上级领导尊严的目的，敢于负责任，敢于面对问题，有担当精神，确实做到了维护上级的权威和尊严。把大事化小、小事化了，不影响工作的正常开展，巧妙地代上级分担压力，为上级挺身而出，上级才会真正地认识和重视这样的下属。

在工作中每个人都必须承担责任，有能力、岗位重要，才有承担责任的机会。承担责任是光荣的，推卸责任是可耻的，很难想象一个不想承担、也不能承担责任的人会有好的发展前景。如果不敢承担责任，机会也不会主动找到你，成功一定不属于这个人。何况，还有上级在身后撑腰，可以随时指导我们，还担心什么？

那些刚刚步入职场的年轻人，都容易犯一个错误，就是承担过量的责任。所以人称：愣头青或者是生瓜蛋子。当人们承担过量责任的时候，别人会怎么想？上级会认为这个人是想出人头地。那么我们有没有衡量过在什么情况下才要承担过量的责任？在两个条件下：一是个人能力已经达到了一个水准，具备了挑大梁的内因；二是团队文化鼓励"毛遂自荐"的外因。在这两个条件具备下承担过量的责任才是有"好处的"，否则一切免谈。

职场中承担过量责任是很危险的，一点儿责任都不想承担是没有发展前途的，最好的方式是只承担适当的责任，就是承担由职位限定的责任，以这样的态度对我们的上级负责，让上级看到我们的主动性和敢于担当责任的精神。对上级、对自己都高度负责，这是我们应该具备的职场品质。

认识清楚了承担适当责任的实质和意义，我们就会有一个平和的心态，按照自己的职责去做事，承担适当的责任。认识清楚了这些，才能做天天快乐的上班族，才能品尝到生活的味道，体会到工作的乐趣。

工作中矛盾和冲突是不可避免的，一旦出现让上级难堪的局面时，上级也需要下属挺身"救驾"，多承担一些压力。这不是厚黑学，是职场中的潜规则，要想在职场顺风顺水，我们必须懂得一些职场技巧。在我们成为领导之前，必须先成为一个合格的好下属；在开始使用权力之前，先要懂得配合上级。上级最需要的是懂得配合并帮助其建立和谐关系的人，那些期望上级出丑是最愚蠢的想法，不懂得这个规则再努力都是白费。

一个下属如果有担当精神，工作中出现任何问题和状况，都不会怕事，上级把艰巨的任务交给他，也不会找借口临阵脱逃，一个有担当精神的下属，在应该提高警惕的时候，不会粉饰太平，不会推卸责任，上级就需要多几个这样的下属在身边。

上级处于领导地位，因而有树立自己权威和形象的心理需求，尤其是在自己的下级面前。良好的形象是上级经营管理的核心和灵魂。因此，作为下级，要在充分了解这个心理需求的情况下，用自己的实际行动来维护上级的形象，让上级了解我们维护他形象的良好心理动机。

一个做大事的人，一个有远见的人，是不会计较个人得失的，他们有着成熟的心理，懂得调整心态来应对各种情况的出现。优秀的下属更会低调做人、高调做事，把成绩留给上级、把问题留给自己，主动替上级担当一些适当的责任，这是一种十分高超的职场纵横能力。

——— 技巧 10：对上级忠诚的艺术 ———

卡耐基说：如果你是忠诚的人，你就会成功。任何上级都喜欢既忠诚又有能力的下属，当然，忠诚始终是摆在第一位的。如果面对一位忠诚但能力欠佳和一位有能力却不忠诚的人，上级肯定选择前者。能力是可以培养的，忠诚是品性问题，不忠诚而能力越强的人可能给事业造成的损失越大。

一位大师说："假如把智慧和勤奋看作金子般珍贵，那么比金子还珍贵的就是忠诚。"在职场中，许多上级用人不仅看能力，更重品德，而品德之中最为核心的又是忠诚度。那些既忠诚又能干的人往往是上级梦寐以求的得力干将。

使上级感觉忠诚的第一点要求是让上级感受到我们的忠诚、可靠。作为下属，不但要对上级忠诚，还要让上级感受到忠诚、可靠。任何人都不愿意被别人欺骗，上级更是如此。所以，当上级向我们了解某一方面的情况时，我们应当诚实、全面地告知上级所了解的信息。故意隐瞒重要信息的小聪明行为，会被上级从其他途径印证和发现，这就直接破坏了自身在上级心目中的形象，再想通过其他渠道来修正不好的印象便是十分困难的。

工作失误了，要争取第一个向上级反映情况，上级会认为我们主动、诚实，大不了私下批评一顿，然后要求以后注意。等到其他人向上级反映了我们的工作失误，等待我们的肯定是更为严厉的批评。假如更上一级的领导过问此事，我们及时、诚实的汇报会使我们的直接上级提前有了心理准备，能够更好地为我们分担责任甚至是开脱。如果我们的直接上级不知情，肯定会愤慨地质问：为什么不向他汇报？任何解释在此时都会变得苍白无力。

使上级感觉忠诚的第二点要求是保持和上级之间的信息流动。作为上级都有了解和掌握下属全面工作状况的欲望，而保持与上级之间的信息流动，能够使上级动态地掌握下属的工作情况。所以，作为中、基层工作者，首先必须做到多请示、多汇报。既可以让上级及时了解工作进展状况，又可以了解上级对重要问题的处理意见，争取得到上级更多的支持和帮助。至于向上级汇报的频率，通常是同上级的素质成反比。也就是说，上级的素质越低，我们汇报的次数应该越多，让上级感觉我们在其掌握之中。"大事不报，小事天天报"的态度在这里是十分忌讳的。

使上级感觉忠诚的第三点要求是下属不可轻易越级请示、汇报。作为我们的直接上级，他有权利首先获得我们的请示汇报。越过直接上级向更高一级领导请示和汇报工作，容易使我们的直接上级产生被轻视甚至背叛的错觉，而且遵守组织的指挥链是组织正常运转的基本要求。假如高层领导越过直接上级主动找我们了解情况，之后我们应将和高层领导的交流情况主动汇报给直接上级，至于汇报到什么程度，可根据具体情况斟酌处理。但通常应加上一些平衡直接上级情绪的话语，如"某某领导肯定和您提前沟通了……"或者说"您肯定已经知道了……"以此来消除直接上级的误会。

使上级感觉忠诚的第四点要求是不过分计较个人得失。上级判断下属是否忠诚的标准，是看下属先想到组织和上级的利益还是先想到个人的利益。因此，在上级面前是否计较个人得失是对上级是否忠诚的重要体现。大部分上级都对下属过分计较个人利益表示反感，长期来看这对下属的发展是负面的。假如遇到强硬的上级，还有可能给这种下属扣上一顶伸手向组织要利益的帽子，这样的下属不但得不到相应的利益，反而会遭受批评和处分。如果自己的确有上级所不了解的个人困难，应该将自己的困难告诉上级，并表明坚决服从组织和上级的决定。这种做法更能得到上级的理解和赏识。

使上级感觉忠诚的第五点要求是关键时刻要挺身而出。关键时刻对上级的支持是最能够体现对上级忠诚的，同时也是最能让上级铭记在心的。那么，这些关键时刻有哪些？

上级将要出现决策严重失误时

当我们发觉上级的决策将出现严重失误，预感到会带来严重后果时，就要立刻提醒上级。这既是下属的应有职责，又是对上级忠诚的关键体现。除非我们和这位上级有夙怨，希望看到他出问题，但还要看上级的决策失误给组织带来的负面影响有多大，假如后果严重且不可挽回，这也不是一个正直的人所应有的行为选择。我们及时提醒，帮助上级避免了决策失误，上级会对我们更加赏识；假如上级一意孤行，最后造成了严重后果，上级也会在后悔之中对我们心存感激。在这种情况下，上级最恨的就是事后诸葛亮，即事前不说，事后乱说。

上级落难时

当上级春风得意时，人们众星捧月，当上级落难时，人们又纷纷划清界限，这是芸芸众生的正常心态。但是，患难见真情，假如能够给上级提供一点儿支持和安慰，肯定会换来上级更多的真情回报。当然，是否给予支持和安慰，大家会依据导致上级落难的具体原因而定。如果落难的原因是事故责任、官场斗争等因素，下属的支持和安慰是必要的。某些特别因素可能需要审慎对待。但必须提醒的是，即使不愿提供支持和安慰，可以旁观和中立，但不能落井下石。落井下石者既会遭到周围人的鄙视，也会遭到上级渡过难关之后的加倍报复。

上级处于发展的关键时期

上级上了新台阶，欣赏的下属自然也会有更大的发展空间。在上级发展的关键时期，作为下属，工作应该格外谨慎和卖力，即使没有骄人的业绩，也不能在关键时期为上级捅娄子，影响上级的发展。同时，下属也应该充分发挥自己的影响力为上级的发展疏通渠道。应该抛弃与上级之间的小恩怨，在组织部门的民意调查中盛赞上级的优点，为上级的发展提供自己力所能及的帮助。假如在这种时候脑子不清醒，民意调查中只讲上级的不足，不谈上级的长项，在没有什么信息能够完全保密的职场文化中，注定会被上级当作小人来看待。

忠诚在现代职场尤为可贵。许多上级花费了大量精力培养下属，有些下属在积累了相当经验后，却常常一声不吭就销声匿迹了。还有一些下属，通过损害上级的利益或出卖上级牟取私利，这种人更无忠诚可言。忠诚度的缺乏，表面看来受损害的是别人，但深入探究，自己的损失更大。他本人失去熟悉的环境和此前的人际资源积累，由此养成"吃着碗里的望着锅里的"坏习惯，更是大大降低了自身的价值。

不论人心与世风如何变化，忠诚这一优良品质是永远值得珍视的。任何上级选择重要人才，都将忠诚列为第一要素。所以，拥有忠诚，就意味着拥有更多的信任和机会。

——— 技巧11：与上级共同进步 ———

很多时候上级会成为我们人生的领路人，成为我们职业道路上的灯塔，在实际工作中，我们与上级友好相处的情况比较多。上级和我们一样，都是为了自己的梦想在职场辛苦打拼，都希望遇到和谐的工作环境和友善的同事。工作中都希望与同事互相帮助，互相支持，多一份体谅，少一分争斗。我们与上级既是上下级关系，也是同事关系，某种意义上讲，上级是比我们先行了一步的同事。

职场合作，共同进步、实现双赢是双方的共同目的。尺有所短，寸有所长。在以岗位划分为基础的职场中，任何人都不能忽视分工合作。单打独斗的时代早已成为历史，现代职场讲究的是团队精神。的确，在一个大的集体里，干好一项工作，占主导地位的往往不是一个人的能力，是各成员间的团结协作。团队合作可以提升自己的能力，这个团队中的人会毫无保留地教给我们很多有用的东西，共同完成工作任务。特别是在程序化、标准化极强的行业里，每个人只能完成一部分工作，团队合作在很大程度上关系着组织发展的命脉。无法想象，一个只会自己工作，平时独来独往的人能给同事和团队带来什么。

因此，在与上级的关系处理上，是积极主动合作实现双赢，还是消极接受等待命令？实际上这不单是职场管理问题，而且是社会发展的需要，我们都清楚，双赢对上级和我们的重要性。与上级之间的关系和睦融洽，工作氛围健康向上，对我们个人来说是莫大的好事，对我们的团队运转、经济效益、社会效益都会产生良性影响。

诺贝尔经济学奖获得者莱因哈特·赛尔顿教授有一个著名的博弈理论：假设有一场比赛，参与者可以选择与对手是合作或是竞争。如果采取合作策略，可以像鸽子一样瓜分战利品，那么双方浪费时间和精力的争斗就不存在了；如果采取竞争策略，像老鹰一样互相争斗，那么胜利者往往只有一个，而且即使是获得胜利，也要被啄掉不少羽毛。现代社会中的职场文化，追求的是团队合作精神。所以，不论对个人还是对集体，单纯的竞争只能导致关系恶化，使成长停滞；只有互相合作，才能真正做到双赢。

从这个理论可以看出，我们与上级在工作中，如果合作，可使彼此的工作友谊不断得到巩固，业务顺利发展，彼此的事业都步入稳健发展阶段。建立对上级的完全信赖，尊重上级，充分发挥取长补短的优势，工作上就等于亮起了绿灯。与上级共同进步也是一种双赢，帮助上级也是帮助自己，我们要把帮助上级变成一种经常性行为，充分认识与上级共同进步其实就是使我们与上级走得更近，是对自己工作成就、生活质量的提高。

实现与上级双赢的战略，可以为我们积累人脉。这是一个长期持续的过程，我们可以经常盘点自己的人脉资产，计算我们的投资和收益。只有不断积累人脉资源，我们才能在这个联系日益加强的社会关系网中游刃有余。我们在工作中最大的收获不只是赚了多少钱、积累了多少经验，更重要的是我们结识了上级，又通过上级结识了更多的朋友、积累了很多人脉资源。这些人脉资源不仅在工作中有用，即使我们以后离开了这个单位，还会起作用，成为帮助我们创业的重要资源。

我们在工作中难免遇到这样那样的困难，当上级遇到困难，请我们给他些帮助或意见时。我们可以表达一些客观看法，这就是我们帮助上级的大好机会。千万不要简单回答"是"或者"不是"，这样会给他一种我们并没有认真对待的感觉。我们要站在上级的角度思考问题，诚恳地提出一些有建设性的意见，向他讲出自己为什么要给出这样的建议，这样一来会让上级感受到我们对他的重视，二来可以在他心中树立我们的威信。帮助上级获得他们需要的东西，我们会因此而得到我们想要的东西。帮助上级的越多，得到的也越多，与上级间良性的合作会使双方都受益。

我们帮助上级要设身处地为他人着想，既然决定帮忙就不要对投入的时间和精力过分计较。但是在这个过程中，可以巧妙地告诉上级我们也付出了心血。这种道义上和感情上的交流，时间久了就会在上级心里形成一颗感恩的心，在适合的机会，上级会加倍回报给我们的。

——— 技巧 12：与上级产生共鸣 ———

一个高超的乐队，我们可以听到其中每一个乐器的声音，但又不觉得哪一样乐器是突出的，所有乐器的音色都融合在共鸣声中，达到了和谐统一。美国总统林肯曾说过："我展开并赢得一场议论的方式，是先找到一个共同的赞同点。"这就是大家常说的共鸣，共鸣的好处在于可以消除对方的对立情绪，赢得对方的部分或全部赞同和信任，营造融洽的交流气氛，从而为我们说服对方铺平道路，引导对方的心理在不知不觉中接受我们的劝说或主张。

在日常的工作交往中，我们很难和上级在一开始就产生共鸣，往往必须先引起对方与我们交谈的兴趣，经过一番深刻的对话后，才能让彼此更加了解，才有可能找到双方产生共鸣的话题。当我们尝试说服上级、对其有所求的时候，最好先从上级感兴趣的话题谈起，不要太早暴露自己的意图，让上级一步步地赞同我们的想法，对我们的话题产生共鸣心理。当上级和我们痛快淋漓地直抒心意时，便会不自觉地认同我们的观点。

这种谈话的技巧就是心理共鸣法，所谓心理共鸣法，是指运用心理学中"情感共鸣"的原则归纳出来的一种说服方法。它一般可分为四个阶段：导入阶段，即心理接触的初级阶段；转接阶段，即心理接触的中级阶段；正题阶段，即心理接触的高级阶段；结束阶段，让对方意犹未尽。我们和上级进行谈话时如果经常使用此方法，会很容易和上级建立起共鸣，从而不断拉近与上级的距离。

与上级产生共鸣有一些技巧，我们可以学习借鉴一下：

● 察言观色，寻找共同点。上级的品位、心理状态、精神追求、生活爱好等，都或多或少地要在他们的表情、服饰、谈吐、举止等方面有所表现，只要我们善于观察，就会发现双方的共同点。

● 投石问路，搜索共同点。这块"石头"很重要，我们可以用热情的招呼开场，询问上级对上场球赛的看法，找到会话的切入口；可以通过桌面的陈列、摆件，侦察上级的性格；可以边帮上级做某些急需处理的事，边以话语试探；还可以与上级一起去办公室外吸烟，发现上级的特点，打开双方的话匣子。

● 听人介绍，猜测共同点。找到对上级较熟悉的同事，为我们介绍上级的个性特点、爱好等，从介绍中就可发现自己与上级有什么共鸣之处。

● 回味谈话内容，探索共同点。同上级谈话时留心分析、揣摩，也可以在上级和自己交谈时揣摩他的话语，从中发现共鸣点。

● 步步深入，挖掘共同点。只要我们留意，发现双方的共同点是不太难的，但这只能是谈话的初级阶段所需要的。随着交谈内容的深入，共鸣会越来越多。

有了共同的话题或爱好，我们就可以把这种共鸣扩大到其他范围，逐步展开思路，这种心理策略有助于上级坦然地接受我们。共鸣对双方的情感交流十分重要，有助于我们与上级在更广泛的工作领域内开展合作。要与上级产生共鸣，而不是上级的应声虫，不是简单的口头附和，要言之有物、言之有理，能说到点子上，能说到上级的心坎里，这可是一门深奥的心理技巧和语言技巧。如果我们想多引起上级的重视，就好好锻炼一下自己的语言能力和揣摩对方心理的能力，在更多、更广泛的话题中与上级产生共鸣。

—— 技巧 13：说话简洁 ——

上级的时间和精力有限，我们作汇报时对细枝末节要注意取舍。有价值的可以说，没有价值的就不要说；出现的问题可以说，具体的过程不要说。

上级的级别越高，我们汇报说话的数量就要越少。也就是说，级别越高的上级，我们汇报的语言就越要简洁。时间就是效率，我们处在一个紧张的职场环境中，每天都要面对大量的工作，很难有轻松下来的时间，所以简化工作流程、减少管理层次，都是为了节约时间。因此，我们和上级说话的时候，一定要注意长话短说，言简意赅，大部分上级都不愿意花过多的时间听某个下属喋喋不休。

所以，当我们向上级提建议或反映情况时，最好提前考虑清楚要说的话，我们要说明几件事、每件事的重点我们的解决方案，最好在 3 分钟之内把话说完。要做到语言简洁、准确也不容易，有必要掌握一些表达的方法和技巧，以下五种方法，能帮助我们快速说明事理：

直奔主题，不说废话

自信心不够、对自己的建议又没有把握的下属，在说话之前往往会先向上级解释一番为什么要说下面的话，就像放电视剧之前先播 10 分钟广告才能进入正题一样。结果，不等他触及正题，上级已经不耐烦了，免去了下属继续说的机会。

当我们想发表观点时，不妨直奔主题，比如，"我想谈谈对新产品设计的看法……"然后，围绕这个主题进行尽可能简洁的表达，把说话的内容分清一二三条，每条意见都能用一些特点鲜明的字概括，让上级听得懂、听得明白。

此外，要让上级迅速听到最重要的东西。要抓大放小，不要同时拿出多个观点，主要观点只能有一个，其余都是辅助的，这样才能确保上级的注意力集中在最重要的观点上。

使用上级易于理解的语言

上级如果是专业出身，我们就可以用大量的专业术语；上级如果是非专业出身，我们的语言就要简单明了，用上级习惯的词汇表达我们的意见，否则上级肯定会心生反感，草草听完我们的讲话，打发我们离开。

我们的目的是向上级提建议或反映问题，不是为了显露我们的口才和专业知识，所以我们一定要使用他能听懂的语言，以免误解。

会用比喻句

在表达观点或说明道理时，长篇大论地叙述只会令人生厌。如果借助恰当的比喻，使深奥之理变得简单明了，就能触动上级熟悉的某些知识，从而心领神会。为了让上级明白改进方案后新产品的包装优势好在哪里，我们可以形象地比喻成"原产品就像是参加全国海选的比赛选手，满地都是；新产品就像是获得冠军的帅哥靓妹，让人一看就觉得赏心悦目"。上级立刻就会对我们的设计方案产生兴趣，专心听我们讲解，这就是用比喻句的效用。

寻求简明独特的表达

同样的话，不同的表达，效果大不一样。一些简单明了的事理，如果仅用平铺直叙的言语表达，便会平庸乏味，说了如同没说。如果选择一种独特的表达方式，就能让上级耳目一新，并留下深刻印象。

我们可以和上级这样说："您相信有一种方案可以解决这三个'老大难'的问题吗?"

上级大概会说："不太可能，这太有难度了。"

我们接着说："我也不大相信，可是现在确实找到了一个三全其美的方案。"

这时上级一定会非常感兴趣，急于听我们的建议。假如我们对上级说"这个方案非常好"，上级一定以为是套话，还是提不起精神来。

职场中，我们不是每个时刻都能长篇大论，许多重要关头，往往就是画龙点睛的几句话，就能让上级对我们刮目相看。按照一般规律，说话简洁、言之有物的人思路都很清晰，废话连篇的人思路都很混乱。上级喜欢哪一类人，不用说，大家也明白。如何把话说到位，简单明了地表达自己的观点，对把握职场稍纵即逝的机遇十分必要。

技巧 14：与疑心重的上级相处

人们常说用人不疑、疑人不用，但在现实的职场中，经常有相反的例子出现。有些上级尽管嘴里说着"我相信你"，实际上却疑心重重，经常监督下属的工作，甚至还在员工中间放置一两个耳目，随时向自己报告下属的一举一动。这样的上级虽然不怎么多见，但是我们的身边确实存在，那么如何与疑心重的上级和平相处，确实需要我们费些心思。

疑心病严重的上级一般有这样几种行为特征：管理制度十分苛刻，不给下属任何自由的空间，每天的工作安排得满满的，对下属的监管也比较严密。有的上级为了显示有威严，还会在办公区域安装摄像头，到机房里查看每台电脑都登录了哪些网站，每个月都清查下属的座机电话，随机抽查下属的办公桌，禁止下属在工作时间登录 QQ 等。还有的上级，对有能力的下属不信任，每次出去办公都派人紧随其后，美其名曰帮忙，实际上就是监视。还有的上级给部门负责人配置副手，这些副手在工作中并不买正职的账，往往越权指挥，不把正职放在眼中，实际上就是安插在正职身边的眼线。

疑心重的上级的确很让人头疼。不管我们做什么工作，他都以一种不信任的眼光看着我们。或者是他安插在我们身后的眼睛总在盯着我们，盼着我们工作失误，盼着我们和同行说几句话，这样他就可以告我们的状，领他们的赏了。在这样到处充斥着不信任的环境中工作，真让人觉得度日如年。疑心重的上级大多不放心下属，他总担心下属会把事情做坏，或者未按照自己的意图去做，或者下属翅膀硬了不服他管理。

上级疑心重的一般表现为：警惕心理极强，对我们说的话每次都琢磨再三，凡事都要问个究竟；总是怀疑下属背后说他的坏话；与下属的感情也是时好时坏，缺乏自信。在这种情况下，我们应怎样与疑心重的上级相处？

做事要小心谨慎

凡事都要反复琢磨，从上级的角度看问题，看看我们的工作或者行为是否有破绽或漏洞，是否有引起上级怀疑的地方。发现不妥的地方马上改正，做事情一定要堂堂正正，不徇私，不搞歪门邪道。如果我们小心谨慎，没有过分的地方，那么多疑的上级看到我们做事谨言慎行，在工作中一丝不苟，不占公家的便宜，处处都让他安心放心，没有抢他位置的倾向，他的疑心自然会消除不少，放在我们身上的注意力就会减少许多。

多请示、多汇报

疑心重的上级常常在推测我们正在忙什么？吩咐的工作进展如何？在处理问题的过程中是否做了手脚？这些疑问都是上级常常挂在心上，每天都反复思考很多次的。如果没有人随时向他汇报，他的疑心就会更严重。与这样的上级相处，我们在做事过程中，不要一味地埋头苦干，而应认真考虑："上级现在最想了解我们的哪些情况？我们该怎样汇报才能让他放心？"只有不断地汇报、请示才是最能让上级放心的，才是上级不至于产生过多疑心的方法。我们要把这种汇报当做日常工作内容，每次时间不需要太长，几分钟甚至几句话就可以。

给疑心重的上级增加自信

上级疑心重一般是由于缺乏自信心、底气不足引起的，也有上级因为下属的曾经背叛导致疑心重重。无论哪种情况，都需要我们不断地消除上级的顾虑，增强上级的自信心。上级作出决定后，因为担心下属在执行中走样，背离了自己的意图，所以顾虑多、疑问多。这就需要我们经常给上级释疑，解决上级的疑问，多做让上级放心的事情，让上级看到我们的忠诚，增强上级的自信心。因此，我们应常常给这样的上级鼓劲打气，才能容易获得上级的赏识。不同的上级存在较大的差异，如果我们还打算在他手下工作，就必须学会和他友好相处，必须想办法改善与上级的关系。

疑心重的上级胸怀都比较狭窄，不敢放手用人，很轻易地就会怀疑自己的下属。因此，在这样的上级手下工作，不要在工作时候几个人聚到一起说说笑笑，不要总到别的上级办公室串门儿。公开场合多听别人说，少发表个人意见。干好上级给我们安排的工作，哪怕是很微小、很轻松的工作，只要我们完成便在第一时间向上级汇报。怀有吃苦精神、牺牲精神，时间久了上级看我们很有能力，又听话，嘴又不爱说，也不拉帮结伙，就会有重用我们的时候。

记住坚持我们的原则，做我们该做的事，别的都不要放在心上，日久见人心。与疑心重的上级相处，通常会让我们感觉不舒服，想想看每天面对一双怀疑的眼神，自己也会变得不自信起来。这时的我们千万不要丧失与其沟通的勇气，就把它当成一种学习。这种上级是个操劳命，凡事都有操不完的心，他们自然也有一套做事的方法可以为我们所借鉴。时刻记住，上级安排我们做事那是对我们的锻炼，上级找我们的麻烦那是对我们的磨炼，在这样的上级手下成长是非常快的。

最后，当我们哪天"修仙"成功，翅膀硬了，就可以离他而去，自立门户或者另择明主。被人疑心无论在职场还是生活中我们都会遇到，不要躲避，也不要抱怨，真正聪明的人会积极想办法消除对方的疑心，绝不是遮遮掩掩，让对方更加起疑。

—— 技巧 15：和上级谈待遇 ——

我们工作的目的都是为了索取回报，然而同一个岗位，工作能力不相上下、学历背景没有太大差别的同事有时会出现两种不同的待遇。这种情况很让人恼火，收入差距会让人心理不平衡，同样的工作、同样的付出，得到的却是高低不等的回报。仔细查找一下原因，我们会发现，自己犯了一个错误，也许现在还没醒悟，那就是我们不善于和上级谈待遇。有句老话，叫做"会哭的孩子有奶吃"，我们从来不和上级谈待遇的事，上级自然也索性装糊涂。

通常情况下，我们面对待遇都有两种心理：一种是不敢争利，对自己应该得到的利益不敢开口向上级要求，担心要待遇给上级留下不好的印象，也害怕要待遇不成，被上级找理由辞退，只好将就着眼前的这点待遇；另一种是过分争待遇，待遇不分大小，只要有同事超过了我们的标准就向上级争取，想着办法让上级给我们提工资、加补助，把上级追得很烦。其实这两种做法都是不可取的，谈待遇需要一些技巧、需要一些语言和行为的艺术。不讲方法、技巧，谈判的结局很可能会与我们的愿望背道而驰。

下面介绍六个与上级谈待遇的技巧，希望能帮助我们提高自己的应得收入：

一对一

和上级谈待遇时，不要试图联合同事的力量，没有人比上级更懂得利用人在利益追求上的私心。几个人拧成一股绳去谈加薪，领头的那个往往会成为牺牲品，跟从者倒多少能得到一点儿实惠。因此一切依靠我们自己的努力，把自己的工作成绩和工作能力展现给上级看，告诉他，我们的价值所在，我们对目前的待遇很不满意，希望上级能重视我们的要求，提高我们的待遇。

不要攀比

许多单位都采用薪酬保密的原则，因此与上级谈加薪时，不要与周围的同事比较。一来打听他人的收入违反单位规定；二来上级会觉得我们是出于嫉妒才要求加薪，反而会忽视我们的实力。正确的做法是，我们得表现出强烈的自信，摆出自己做出的贡献、自己创造的效益，用事实说话，不卑不亢，这是我们应该得到的报酬，不必不好意思。

目的明确

我们的目的是提高待遇，而不是赌气摊牌。所以一定要含蓄地表达出对上级的忠诚。不要把"不提高待遇就不干了"挂在嘴边，上级可能真的认为我们是辞职前的发泄，反而会做出辞退我们的行为。

选准时机

选择工作成绩不断上升、工作局面进展顺利、上级心情极佳的时候去谈，成功的可能性更大。

知己知彼

要弄清业内的待遇行情。如果我们的薪水已经高于平均水准，除非我们的表现确实很突出，否则成功的希望不大。另外，还要摸清上级的性格、喜好、待人方式等，从而帮助我们的谈判取得成功。

正式写一份提高待遇的申请

如果自己的语言表达能力较弱，又不经常和上级沟通，当面向上级陈述提高的理由，很难把话说到位，还可能引发上级的不满。不如写一份提高待遇的申请，将自己的工作业绩和工作发展潜力条条列出。这样，上级可以比较全面地对我们做出评估，也避免了当面冲突的危险。

假如我们提高待遇的要求最终未获批准，不要就此打退堂鼓，更不要一时冲动就辞职。应该主动问问上级：需要我做到什么程度才能提高待遇？要求上级给我们一个努力的目标，当我们达到这个目标时，上级就不会拒绝了。如果上级给我们设定的目标很过分，是我们跳起来也够不到的高度，这个时候就可以考虑辞职了。

职场生存法则

我们与上级相处得很愉快，关系很融洽，甚至私下里和上级称兄道弟，这些都可以理解。但我们要明白一个永恒的道理，上级永远是上级，任何时候都不要忽视了这一职场规则。

所有的上级都喜欢彰显自己"任人唯贤"，而不是"任人唯亲"的形象。上级在选拔人才时，也会公正地考察下属的工作细节。我们要把工作做到位，做到上级满意、单位满意，没有认真的态度是不可能的。所以，我们在工作中还要把握一些细节，树立自己良好的职业形象。当然，我们也要及时关注工作中上级透露的一些细节，这些细节可能是上级给我们的警示。愚者错失机会，智者善抓机会，成功者创造机会。当我们对工作中的任何事都能事前做好准备，机会来临时就能很快地发现并抓住它。机遇偏爱有准备的头脑，这"准备"二字并非说说而已，必须要从平时的工作细节做起。

—— 法则1：回避 ——

"回避"这个词语，在古代是一种官场礼仪，自然也是官威的象征。现代职场虽然没有了那些"回避"、"肃静"的牌子，但官威还在上级的心中高举。古时有"伴君如伴虎"的官场感叹，现代职场，不懂得"回避"艺术的人极有可能将自己置于"虎口"之下而茫然不知。

我们和上级的距离近了，彼此的了解也就多了。朋友之间的相知、相识是一件好事，如果对方是我们的上级，这种相知是福是祸可不一定。最可怕的莫过于下属知道了上级的隐私，对上级的生活和私事了如指掌，这会在无形中给他一种威胁，万一事情出了差错，知情的下属当然难脱干系。所以，哪怕是在8小时工作以外，也要尽量避免走进上级的私生活天地，这也是一条自我保护法则。上级与我们的关系是领导与被领导的关系，我们可以与上级关系和谐、合作融洽、执行有力，但私交不必太过亲近。

上级之所以不愿意与下属关系太密切，主要是顾忌到如果私人关系、私人感情超过了工作关系，就会对上级产生不良的影响。另外，上级还担心下属对他的思想感情，包括个人隐私过分了解，这样他就会降低威信。而且，任何上级在工作中都要讲究方法、讲究艺术、讲究一些措施和手段。如果下属把一切都知道得一清二楚，这些方法、艺术、措施和手段就可能会失效。除此之外，我们最应注意回避的事情就是上级不便让其他人知道的事情，比如：向他的上级汇报工作时的样子、私下收受客户的红包、第三者插足的感情隐私、家庭不和谐的生活，等等。这些公私混杂的事情总是会在我们平日里工作的地方偶有体现，小小的办公室或者办公桌之间经常有这样的暧昧电话、陌生人来访、家庭争吵等。

办公室这个小世界，看似平静，实则激流暗涌。下属无意间知道的隐私也许就是上级对其痛下"杀手"的原因。我们必须清楚知道对上级的隐私需要成功回避。在办公室这种强调个人、排他利己、复杂敏感的小世界里，学会分清公众与个人、工作与私事的界限，也是职场立足的必修课。尊重上级的隐私则是保护自己最好的方法。一般来说，任何上级都有保持自己高大光辉形象的需要，不希望下属探究自己的内心想法。因此，如果我们发现了上级的隐私，上级就会忧心忡忡，因为他担心某天下属泄露了自己的秘密。聪明的下属总会想方设法掩饰自己的清醒和洞察力，以假装的愚笨来反衬上级的高明，以此获得上级的放松心理，减轻敌意。

当上级探寻下属是否了解了他的某些秘密时，机灵的下属会装出愚笨的样子，像一个正等待上级讲解、指导的学生，上级看见下属这"呆乎乎"的样子也就放心了。这一点我们不妨学学《潜伏》中的余则成，每次被上级试探，都是揣着明白装糊涂，等待上级"讲解"，吴站长一般都以笑骂余则成缺乏观察力不了了之。当上级对其某项私密行为反问我们的看法时，不要直接阐述意见，而是抛出与之相左的甚至很"愚蠢"的"高招"，久而久之，尽管在上级眼中形象不佳，有点儿"弱智"，但上级却会对我们放下"杀伐"之心。

如果不经意撞破了上级的隐私，面对上级对自己的不公和刁难，在忍让已失去作用的前提下，我们不妨不卑不亢、清清楚楚地让上级知道我们"守口如瓶，不干涉他人隐私"的观点和立场，然后坦坦荡荡地继续我们的工作，这样也许会有"柳暗花明又一村"的欣喜。而有些自以为是的人之所以会空留懊悔，就是因为他们把上级的秘密当成了饭后的谈资，须知非议别人、泄露别人的隐私其实是一种很不光彩的行径。

还有一种现象，许多发生在办公室的隐私被一些聪慧、敏感的职场人士以一种看似淡漠、实则在意的目光关注着。也许因为涉及太多的个人利益、充斥着不为人知的欲望，隐私也就更容易被当成人们手中可以利用的王牌，但是否打出这张牌就能成为最终的赢家，却是一道值得所有职场人仔细斟酌的难题。利用他人隐私实现自己的目的，这一行为实际上是一个"双刃剑"，不但触犯了国家保护个人隐私的法律，也会让自己的道德品质被大家严重看低。

其实，把握好与上级和平、互助关系的尺度，以回避的心态对待上级的隐私，实际上是在为自己减少惹来不必要危险与烦恼的机会。真正八面玲珑的职场人，是懂得"不要对别人的隐私抱有好奇心"这一道理的，要知道有些事只能点到为止。给自己也给他人留下一片自由呼吸的空间，这样不是很好吗？

● 减少单独和上级在一起的业余时间。比如吃饭、逛街、去俱乐部、一起回家等。减少开玩笑的机会和次数。频繁的玩笑会让别人以为我们与上级的关系已是非常亲密。

● 不要牵扯到上级的生活里。如果他经常需要我们帮忙做一些私事，最好还是找个站得住脚的理由，巧妙回绝为佳。注意千万不要借此窥视上级的家庭秘密、个人隐私。我们可去了解上级在工作中的性格、作风和习惯，但对他个人生活中的某些习惯和特点不必过多了解。

● 千万不要被人认为和异性上级有不清不白的关系。这个道理很简单，这里不多谈。也不要在异性上级的办公室里一谈就是半天，哪怕是为了工作，以免给众同事留下"暧昧"的印象。"一朝天子一朝臣"，上级的变动，不可避免地波及下属的职位，新任领导层一般会在人事上来个"大换血"，尤其是在前任领导非正常离职的前提下。如果你在大家的印象里与异性上级关系暧昧，那么这时也许也该做好走人的准备了。

● 领会上级的主要意图和主张，但不要事无巨细。不要逐一摸清每一个行动步骤和措施的意图，这样做会使上级感到，我们的眼睛太亮了，什么事都瞒不过我们，那么上级工作起来就会觉得很不方便，会想尽一切办法把我们调离他的身边。

总之，无论什么时候，认清这几点，就知道应该如何把握自己与上级的距离。需要回避的地方一定要回避，过度接近上级是危险的，但是不接近上级却又永远没有出头之日。所以，善于职场处世的人，要注意把握这其中的交往尺度，注意自己的言行，掌握回避的技巧，会让我们受益匪浅，没有后顾之忧地驰骋在职场之中！

法则2：保密

职场上，有时，"我什么都不知道"，是一句确保自身安全的话。知道得多了，就成了心理负担，因为不知道如何处理，更为后面不可知的未来感到不安。我们身边常有这样的同事，在言语中控制不住自己结交上级的得意，总"不经意"地炫耀与上级的亲密关系：和上级一起去夜总会、KTV；上级带着"小三"一起出差；上级的家里有第三者插足；上级最近准备提拔某某做助理；这个月上级制定的奖金发放方案……

知道了上级的秘密，一直是做下属很纠结的事情。刚得到上级倾诉秘密时，会感到一种被信任的荣耀感，这似乎是上级给的另一种特权和嘉奖。时间久了，就会忘记自己的身份，觉得可以和上级称兄道弟，像对待自己的狐朋狗友一样拿上级来"开涮"。很多人在职场上会因此以莫名其妙、莫须有的事情被上级处理，被单位查处，在反省到底是什么原因遭此厄运的时候，却忘记了自己究竟知道多少上级的秘密，又从自己的口中说出去了多少上级的"秘密"。无论上级如何位高权重，仍然是社会意义上的一个人。除了工作中的机密外，仍然需要有自己个人的私密空间，同时他也希望这种权利能够充分享有，而不受非法干扰和侵害。那么，哪些内容属于我们应该保守的秘密？

一般来说，要为上级保密的主要内容有工作和私人两方面：

● 公务机密。上级正在部署还没有广而告之的公务安排，上级的重要文件，上级的抽屉、办公室、个人资料、电脑等，都含有上级的秘密，未经上级准许坚决远离。

● 个人生活自由。上级按照自己的意志从事某种与工作无关的活动，这一点不受他人干涉、破坏和支配，我们无任何权利对此指手画脚。

● 个人生活情况。例如，上级的经济支出、婚姻家庭、业余爱好等，或者上级的生理缺陷、残疾情况。如果我们知晓了上级的这些内容，那就需要我们严格保密。

我们知晓了上级的一些机密，就要做到守口如瓶，要克服高人一等的心理。有些下属，一旦得知上级研究决定了某件事，马上像吃了兴奋剂一样，到处口若悬河地乱吹一气，生怕别人不知道。似乎不这样做，就不足以证明他的身份。其实这种做法是大错特错的。由于工作关系，比别人掌握了更多的机密，但这根本不足以成为炫耀自己的本钱。相反，此举不仅不能提高自己的身份，而且可能会危及原本的职位。因而要克服这种不应有的优越心理，正确认识自己的位置，增强责任感，保守机密。

与竞争对手接触时，应将我们的谈话内容限制在适当的范围。不要讨论敏感内容，也不要讨论任何可以引发推理思维的信息或机密。身为一名上级信任的下属，我们可能会提前获悉所在单位尚未公开的消息，常见的内幕消息包括：未公开的人事调整，机密的商业计划，拟实施的收购、投资或转让，计划中的新产品、新技术等，我们都不要将这些泄露给竞争对手，这也是我们必须遵守的职业道德。

要经得起诱惑。很多人对我们吹捧，实际上是想使我们"酒后吐真言"。他们主动请我们吃喝，馈赠我们重礼，是希望从我们嘴里套出实情；他们好像在与我们闲聊，实际上是一步步引我们上钩让我们进入他们的圈套，从而了解到他们所需要的实情。因此，我们必须经得起金钱、美色、威吓、人情等考验，始终不失志、不失态、不失言。

要做到这几点其实并非很难，一方面要不断提高自控能力，另一方面要少管"闲事"。要抱着多一事不如少一事的态度，尽量不主动找事，因为多管"闲事"往往免不了会涉及应该保守的秘密。只有做到不该管的事坚决不管，才能有效地保守秘密。同时，要锻炼正确的语言表达技巧，有句话叫做"说者无心，听者有意"。特别是作为上级信赖的下属，别人知道我们掌握不少核心机密，有时会有目的地与我们接触，一旦不注意说漏了嘴，别人就会明修栈道，暗度陈仓。因此，可以多用一些含糊的词，以便达到似是而非、模棱两可的语言效果。这样做不是狡猾，只是不得已而为之。

除了工作的事项要求我们保密外，还有一些属于上级个人工作方式和人际关系处理方式的事情也需要我们保密。上级要和各方面的人打交道，处理各种矛盾，有时他会非常强硬，有时则会妥协让步；有时他会在大庭广众之下侃侃而谈，有时则只对自己的"知音"倾诉；等等。所以，我们只能看在眼里，记在心里，切不可外传。此时，有三点是要特别注意的：

对上级之间的矛盾不要多言

各级领导在一起工作，难免产生一些意见分歧，甚至较大的矛盾，我们完全没有必要介入上级之间的矛盾中去，更不应该说三道四，不负责任地传播这种隐秘的矛盾。最好的应对方法是，干好本职工作，对上级一视同仁。

对上级的工作失误和能力不足要保密

当上级工作上产生失误时，要设身处地为他着想，多做工作以弥补上级的失误，而绝不应该把上级的失误当作小道消息四处传播。对于上级个人能力上存在的不足，更应该区别情况，从关心、爱护上级的角度给予提醒和帮助，而绝不应该嘲笑、挖苦。

👤 对上级个人的私生活要保密

特别对上级个人生活上、心理上、感情上、婚姻上、经济上、子女教育上等有难言之隐的事情，更应该注意保密。

在工作中保密原则是非常必要的，这样既有利于避免给工作带来损失，也有利于保持上级和下属之间的融洽关系。当然，我们对上级不能无原则地盲从，为上级保守一切机密，在关键问题上要坚持立场、坚持原则，这也是我们必备的政治素质和起码的做人良知。这是因为，即便是上级，他的任何行动都必须局限在合法、合乎公共道德准则和社会需要范围内，对任何违反法律和公共道德、破坏公共秩序的不良行为，我们都有权揭露和干涉，对上级也不例外。

——— 法则 3：不越级汇报 ———

任何下属都有自己的直接上级。通常情况下，下属总是在一个较小的范围内为直接上级服务。由于某种原因，某些下属越过直接上级，与更高层的领导建立工作关系或者服务关系，这种"越级"行为最让直接上级反感和怀恨在心。

越级现象出现的原因比较复杂，通常表现为有些下属拼命扩大"表现"和"推销"自己的机会，眼睛盯着握有更大权力的上级，主动向他们靠近，创造为他们直接服务的机会，有的甚至建立了比较稳固的服务关系。也有的下属因为自己屡次优越的工作表现，直接上级却将成绩据为己有，或者存在压制下属的嫉妒心理和控制下属职位提升的恶劣动机。这些情况都会导致下属"越级"汇报，展现自己的个人抱负、个人能力或者遇到的不公正待遇等。

不管哪种原因，下属越级行事，一方面会引起直接上级误会、怀疑、妒忌、不满的情绪，给正常的工作关系撒下不协调的音符；另一方面会引起同僚的不满、妒忌情绪和不好的舆论，影响自己的人脉。如果"越级汇报"起作用，正义得到了伸张，嫉贤妒能的直接上级被调离或者辞退，也算排解了心中的郁闷。但是大多数情况下，这种"越级汇报"会被高层领导退回原单位，责令直接上级妥善解决，这样的结局当事人就有"好果子"吃了。所以，一般情况下，不要"越级"行事；必须"越级"时，也要慎重行事，规范"越级"行为的内容，讲究方式方法。

因工作需要而必须"越级汇报"是正常的。比如，受直接上级的指示，向更高层领导提供工作服务、汇报工作、请示工作、请求批示，与上级直接进行工作接触等。这样的"越级"行为是可以名正言顺接受的。首先，我们要以直接上级的名义出现，阐述他的思想、观点以及他对问题的看法，不要说"我"如何如何。当有些问题与直接上级的看法不尽相同时，最好放弃个人意见，忠诚地按直接上级的意见向更高层的领导如实反映。不要有意对本单位的情况进行溢美或贬低，也不要吹捧直接上级或说直接上级的坏话；要实事求是，不夸大，也不缩小。讲成绩、缺点时，如果直接上级有"指示"，就要按上级的"指示"去讲，如果没有"指示"，就要如实描述。

对于高层领导的批示或者秘书的电话转达，我们要主动回答："我马上汇报，落实情况后再向您报告。"不要代表直接上级轻易地承诺，只有这样，直接上级才会认为我们做事踏实、稳健，才会放心地将事情交给我们去办。

我们要理性看待"越级汇报"，那些出自下属个人意愿的"越级汇报"性质和上级授意的"越级报告"就是截然不同的。

如果没有特殊情况而越级，是职场上的大忌。在下属看来，具体工作都由下属来处理，上级仅仅是管理而已。其实，管理岗位的责任更重大，压力更大。每级领导都希望及时得到自己辖区的各方面信息，处理后再反映到上级管理部门。如果发生了越级汇报，就会有高层领导直接过问自己尚不清楚的情况，这时候会很被动。这就是做领导的很忌讳越级汇报的主要原因之一。我们也不否认，作为下属越级汇报的高层领导，往往也希望得到更多更真实的情况，他们一方面希望得到更多未加处理的信息，另一方面也反对越级。所以就造成了他们一方面鼓励越级反映情况，另一方面反对越级汇报的情况。这种现象很矛盾，不过职场本身就是一个矛盾平衡的产物。如果打算使用越级汇报的手段，必须做好承担很大风险的准备。

一般来说，大多数高层领导还是不喜欢下属的越级行为，尤其是对那些"不为工作、只为申述个人冤屈"的报告持有反感和警惕的态度。这样做一方面是为了保证自身的安全，另一方面也是免于被人评价为"不重视、不支持"中、基层干部的工作积极性。频繁地越级汇报只会获得"不守本分"和"没有组织观念、没有纪律性"的恶名。所以，如果不是为了天大的公事，不到万不得已，千万不可贸然"越级报告"。

如果公务紧急，又联系不到直接上级，不及时处理责任又非常重大，发生了越级报告的行为怎样善后？

● 除非在上级临走之前留下正式的委托授权书，赋予我们处理突发问题的权力，否则不管直接上级有没有提醒，作为下属都应该第一时间向直接上级汇报突发性问题，并及时告诉他事情发展的新动态。

● 始终联系不上上级，万不得已，越级汇报的时候切忌踢开直接上级、锋芒毕露。除非我们已经具备顶替直接上级的能力和条件，否则还是应该努力地维护直接上级的形象，包括解释联系不上直接上级的合理理由。我们需要让高层领导充分感受到我们虽在越级汇报，但并不是否定直接上级、不服从管理、缺乏团队意识。

● 越级汇报后下属还应该继续和自己的直接上级不断联系，联系上后告知事情解决的经过和结果，当然还是电话、短信、邮件并行。千万不要忽视邮件汇报，在电子化的办公室环境下，邮件就相当于正式的书面文件。电话仅仅只是口头上的东西，谁都可以不承认，但是邮件则有文字描述，铁证如山，关键时刻就是我们的护身符。

没有人会无缘无故地成为上级，上级必有过人之处，高层领导把他安排在这个位置上，必有深刻的原因。下属否定他的直接上级，不是否定高层领导的用人能力吗？如果高层领导认同下属的态度，不等于变相承认自己用人失误吗？这种可能性有多大？越级汇报，不但得不到高层领导的认同，高层领导还会从大局出发，仍然照顾直接上级的情绪，让直接上级自行处理。

所以，无论属于哪种情况，作为下属，最好听命直接上级的指挥，尽量不要越级汇报。因为这样做，受伤害的常常是自己。任何一个单位的组织机构都是逐级上报的，越级汇报通常是一种危险的行为，会产生众多不良后果。就算我们的汇报是非常正确的，也破坏了单位的正常运行程序。所以，在工作中有什么建议或想法，一定要逐级上报，避免越级行为。

法则 4：及时请示、汇报

在工作中，上级和下属往往容易形成一种矛盾，一方面下属都愿意在不受干扰的情况下独立做事，另一方面上级对下属的工作总存有不放心的状态。那么，谁是矛盾的主体？这就要看在下属和上级之间谁对谁的依赖性更大。一般来说，在下属和上级的关系中，上级总处在主导地位。原因很简单，他能够决定和改变下属的工作内容、工作范围，甚至工作职责。一句话，在很大程度上，下属的命运是由上级掌握的。在这种情况下，要解决上述矛盾，通常的情况是下属应适应上级的愿望，凡事多汇报、多请示。这对那些资深且能力很强的下属来说，就要解决一个心理障碍问题，即不管自己怎样资深、怎样能力强，只要是下属，就只能在上级的支持和允许下工作，如果没有这种支持和允许，将无法工作，更莫说创出业绩了。

作为下属，我们有多少次主动报告过工作进度，从而让上级知道，让上级放心？管理学有句名言：下属对我们的报告永远少于我们的期望。可见，上级都希望从下属那里得到更多的报告。因此，做下属的越早养成这个习惯越好，上级一定会喜欢这样的下属。所以，下属应该学会勤于向自己的上级汇报工作，尤其是完成工作时，立即向上级汇报，工作进行到一定程度，必向上级汇报，预料工作会拖延时，要及时向上级汇报。只有这样，才能最大程度得到上级的信任与器重，从而打开事业之门。

汇报工作是非常有技巧的。一次好的工作汇报能让上级肯定我们的成绩，对我们另眼相看；相反，上级则会无情地否定我们的工作与成果，甚至我们的能力。可见，一个下属学会如何汇报自己的工作是一个很严肃而且很重要的环节。我们怎样才能更好地汇报自己的工作？主要注意以下几个方面：

调整心理状态，创造融洽气氛

向上级汇报工作要先营造有利于汇报的氛围。汇报之前，可先就一些轻松的话题作简单的交谈。这不但是必要的礼节，而且汇报者可借此稳定情

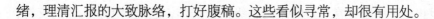

绪，理清汇报的大致脉络，打好腹稿。这些看似寻常，却很有用处。

■ 以线带面，从抽象到具体

汇报工作要讲究一定的逻辑层次，不可"眉毛胡子一把抓"，讲到哪儿算到哪儿。一般来说，汇报要抓住一条线，即本职工作的整体思路和中心工作；展开一个面，即分头叙述相关工作的做法措施、关键环节、遇到的问题、处置结果、收到的成效等内容。所取得的成绩也要让上级知道。

■ 突出中心，抛出"亮点"

泛泛而谈，毫无重点的汇报会显得很肤浅，可以把自己主管的或较为熟悉的、情况掌握全面的某项工作作为突破口，抓住工作过程和典型事例加以分析、总结和提高。汇报中一定要有"亮点"，最能反映自己的工作成绩。所取得的成绩并不需要大肆宣扬，甚至吹嘘，那样只能引起别人的反感。如果有点儿成绩就鹤立鸡群，那么离被"群起而攻之"的时候也就不远了，众怒是犯不起的。

■ 弥补缺憾，力求完备

下属向上级汇报工作时，往往会出现一些失误，比如对一些情况把握不准或漏掉部分内容、归纳总结不够贴切等。对于失误，可采取给上级提供一些背景资料、组织参观活动、利用其他接触机会与上级交流等方法对汇报进行补充和修正，使汇报更加周密和圆满。

在实行市场经济的今天，各行各业都需要能干实事的人。因为这些人不仅能给大家带来利益，还是上级所需要的左膀右臂，这样的人才能够得到快速的提升。相反，有些工作能力很强的人，工作业绩也很突出，却使上级感到不安与反感，失去了上级的信赖，这种情况在现实中相当多。推敲其原因，可能是下级因工作驾轻就熟而忽略了上级的存在，没有表现出对上级应有的尊重，其中最直接的表现就是没有及时向上级汇报工作造成的。

因此，下属要经常、及时地向上级报告工作，这是对上级工作的支持，也是对上级应有的尊重。这种支持和尊重不仅是上级的工作和地位所要求的，也是理顺上下级之间关系必备的态度。

——— 法则5：做好"二把手" ———

上级的副手是个很微妙的职位，在众多员工眼中副手就是单位的"二把手"。我们常说的"二把手"，是相对于"大领导"、"一把手"而言的，相当于一个单位中位居第二的领导。然而职场中人都知道，虽然级别只差一级，但实际地位相去甚远，"二把手"更像是"一把手"的得力"下属"。很多事，"二把手"一定要和"一把手"商量，而"一把手"往往只是征询一下"二把手"的意见，最后还是由"一把手"来拍板决定。

"二把手"为"一把手"当参谋是责无旁贷的职责与义务。"二把手"除了要对自己分管的工作提出供"一把手"决策参考的建议，更多的应该是当好管家，站在全局的角度，对各种意见进行比较周密的考虑，对考虑得比较成熟且符合实际的见解、建议要大胆向"一把手"直陈。对不理解、不赞同的意见，也要敢于进谏，讲清问题的所在及可能带来的不利后果。对执行中发现的一些新情况、新问题，应当及时向"一把手"反映，与"一把手"一起及时完善决策，以保证实施的效果。

身为"二把手"，就不要整天考虑怎样统率三军，而应倾自己的全部才智和经验考虑如何"辅佐"好"一把手"，用一颗平常心做好本职工作。这要求的不仅是能力，还有更多层面的考验，比如是否能处理好各种关系，以及很好地把握自己的心态，最重要的是始终坚持甘当幕后英雄。要学会尊重"一把手"，必须摆正自己的位置，尽好助手的职责，既不能越位，也不可缺位。"二把手"要乐于为"一把手"查漏补缺，有功不揽、有过不诿，时刻提醒自己正确用好聚合力。我们应该在以下几个方面注意自己的工作行为：

● 在任何单位，我们都要维护"一把手"的权威。如果"一把手"不正确，我们的任务就是想办法使它变得正确。

● 正确的话，由"一把手"口头表述，就是方向、就是政策；同样是正确的话，由我们来说，它只是一种参考意见，是在"一把手"指导下的意见。

● 荣耀归集体、责任归个人。学会不贪功、不推卸责任。

● 不要指望"一把手"主动放权。我们应该学会在有限的权力下，利用自己的业务能力和主观能动性把工作做好，而不是利用权力来把工作做好。

● 不必抱怨，只需苦干。任何人的成功，都是执著、坚持不懈的结果。眼前风光无限的"一把手"曾经也和我们一样。只要努力，他的今天就是我们的明天。

我们会全力以赴地把自己分内的工作做好，然后再配合"一把手"做好其他工作。第一，要做好自己所辖的工作。例如，上马一个新项目，"一把手"只需要决定是否投入、如何投入，剩下的工作就都是"二把手"的了。我们需要组建研发团队，协商原材料采购，聘任厂长，制定产品质量标准，把生产部门和营销部门统一。"一把手"等着听汇报和新项目剪彩就可以了。

第二，我们还应该是个多面手。要能随时替补，全面主持工作，使领导班子运行不受影响；某个管理岗位临时缺位，我们可以把工作承担起来；如果某项工作没有合适的人承担，在"一把手"比较为难的时候，我们应当主动承担，并下工夫尽快熟悉，迅速进入角色，不使分工出现空缺，影响工作。

第三，对于一旦形成的决策，我们就要坚定不移地带头贯彻执行，把"一把手"的意图落到实处，大张旗鼓地开展下去。对执行中发现的一些新情况、新问题，我们应当及时向"一把手"反映，及时完善决策，以保证实施的效果。

我们对自己的定位是：一定牢记自己只是高级打工者。要做个"一把手"满意的"二把手"，需要注意以下几点：

自我定位准确——高参、猛将、助手

拍板和露脸的事情不属于"二把手"。不能喧宾夺主，哪怕是专业人士，"一把手"错了也不能纠正，"一把手"没有示意，坚决不能发言，得到"一把手"的授权后，我们说话前也先要把"一把手"的观点明确一下。这样做绝不是什么阿谀奉承，而是领导班子团结的象征。

要有换位思考的能力

要知道"一把手"是主要负责领导，责任重，有别人不知道的痛苦和孤独，假如自己是"一把手"也希望下属有责任心，所以做事情前要换位思考。

心态好、有道德、有谋略、眼界高

"二把手"就是个出谋划策的角色，出了事情能够找到解决的办法。眼界也要独特，"一把手"看不到的一定得看到，否则出了问题可就是失职了。

专业能力、领导力、执行力、合作能力

"一把手"不懂的专业知识，"二把手"必须懂。"一把手"看不懂或者不愿意看的东西，"二把手"要用专业的眼光看透彻。很简单，"一把手"管战略、方向，"二把手"管战术，战术是很细的活，专业能力一定要强。

懂得揣摩"一把手"的心思

从日常工作中总结"一把手"的思考习惯和行为习惯，领会"一把手"的意图。"二把手"可升可降，干得好在"一把手"的推荐下可以高升；干得不好直接就可以被降为普通员工。当"二把手"的学问非常大，在没有升为正职之前，我们有必要好好琢磨一下这个角色。

—— 法则 6：赞美上级 ——

赞美上级可是个大学问！在人们眼里，总是把"赞美"和"拍马屁"联系在一起。的确，我们身边有许多势利小人，他们嘴里说着肉麻的话，一味地恭维领导，完全忽略了自己的人格，许多人都看不起这种行为。可是，这

些溢美之词确实有一种让人难以抗拒的魔力。有些时候，上级明明知道下属是在恭维，是过分夸大了事实，但这些话听起来，心里还是美滋滋的，受用得很。

这里说的是赞美上级，不是传统意义上的"奉承"上级，我们拒绝低级趣味的拍马屁，我们提倡有的放矢的赞美上级，能够真诚地、有针对性地赞美上级是一种能力和美德。如果有人不相信，可以观察一下身边的人，有相当一部分人不会赞美人，说出的话只会让人心里添堵，遭人厌恶。

在很多人的概念里，夸奖和自己地位相当的人还可以接受，如果赞美的对象变成了上级，对一些人来说，就成了天大的心理障碍了。"拍马屁"的恶名是万万担待不起的，拍马屁就是巴结领导，对他们来说，这是件极为不耻的事情。他们对待上级从来都不苟言笑，汇报工作有一说一，没事儿决不主动搭讪，上级和这样的人自然也是公事公办。

从心理学的角度看，这种行为很不可取，人人都有被赞美的需求，当生活的压力、工作的压力让人们愁眉不展时，如果有人能适当说一些大家都爱听的话，不光能提高大家的士气，对增进大家的身心健康、促进和谐的人际关系都不失为一件好事。个人认为，这样的马屁，但拍无妨。好听的话是语言的开心锁，我们要学会赞美别人，被赞美几乎成了人们的一种心理需要，也成了一种稀缺资源。

我们可以用组织行为学观点阐述"赞美上级"在向上管理角度所具有的积极意义。作为下属，主观上积极主动地与上级沟通，维护上级权威的做法，既体现了组织中对职位设计层次的认可与尊重，又可因此得到上级的关注与了解，掌握工作的动态和大家的工作态度。职场之上，这确实是每个上级迫切需要的，对上级自身来说是有益无害的事情。

既然我们可以赞扬朋友，夸奖同事，微笑着鼓励自己的孩子，那么就把这些肯定的赞美语言分给上级一些吧！其实，所谓的赞美不过是以一种示好的姿态告诉上级：您的工作成绩、管理才能、公关能力、社会经验等我都看到了，我从您这里学到了许多有价值的东西。这只是人与人之间平等的交流，跟上级、下属或者地位的高低并没有什么关系。这种潜移默化的赞美方式能够使上级对我们产生亲近感。

试试看，当面赞扬上级并不是一件特别难的事情。我们可以从身边的小事谈起，我们可以对上级说："您的讲话太棒了"、"您对员工的福利做得真到位啊"、"您太有品位了"、"您的设计方案非常棒，我们很受启发"，甚至是一句"有您在，我们就有主心骨了"，这些都会让上级感觉到被关注，无形中拉近与上级的距离。

这样的语言和我们平时对亲人、朋友说的又有什么区别吗？我们主要是过不了自己心中的障碍。拒绝赞美上级的人，其实是一种自我清高的表现，也是沟通能力差的表现。我们在工作中对上级的尊重，包括对上级的赞美，其实是对他们某些行为的一种鼓励。在职场上这也是一种能力，它起到的另外一种作用就是引导和激励上级，以一种积极的方式提高我们的行为和处世方式，加快人际交往的磨合。要知道，沟通中一旦加入了个人的情感元素，就比冷冰冰的就事论事让人觉得舒服，会事半功倍。这种可见的好处何乐不为呢？

与上级相处，做好向上管理，几乎是职场上每个人都要面对的课题。实际工作中，很多人往往把成为上级的心腹，建立超乎众人的良好私交，当成和上级关系好的标志。有的人会因此请上级吃饭、送礼等增加热度，殊不知这样的行为恰恰犯了向上管理的大忌。

对大多数上级而言，在经验、能力存在差别的几个下属之间作选择，"公正"常常是上级不言明却重点考虑的因素。"任人唯贤"是上级乐于收获的附加价值，而对"任人唯亲"的忌讳，则在不经意间会把私交好的人排在后面。对上级的赞美，最好是在汇报工作等正式场合下进行，这样做，不仅仅是给上级留下好印象，更重要的是为上级的赏识做好"公正"的铺垫。这样的下属，除具有超乎他人的能力以外，往往因为折射了上级的公正无私而受到重用。

我们赞美上级，目的大致相当，无非是为了取悦上级，但实际效果则要因各人的水平而异了。赞美得当，可让上级心花怒放，还可平步青云。水平低的就要注意了，如果把握不好分寸和火候，往往会弄巧成拙，令上级不悦，那可就惨了。动动自己的脑筋，发掘上级的优点和亮点，在上级表现卓越、取得重大成绩时真诚地赞美上级，相信会有意想不到的好处。

法则 7：欣赏上级

认可我们的上级，欣赏我们的上级，我们就会发自内心地与他交往，期待从他那里学到一些经验。总是抱着与上级互不两立的态度，从内心深处拒绝接近上级，不认可上级，是无论如何也无法与上级友好相处的。不要总是把上级看做我们的对立面，从某种意义上讲，上级是我们的良师益友，是我们成功道路上的指明灯。上级不会视我们为竞争者，上级有包容心；上级较为稳健，上级做事比我们有章法；上级愿意用他过去的经验指导我们，而且不求报酬。如果说职场中存在真心期盼我们不断进步的人，也只有上级可以入选了。

我们与上级是可以互补的，一个负责指挥，一个负责实际行动，上级锻炼了我们的理解能力和操作能力。上级可以耐心地帮助我们解决遇到的困难，而不是将困难丢给我们不管。不懂得这个道理，就很难领会到上级对我们职场生涯的重要性。

有些年轻人拒绝欣赏自己的上级，一是认为欣赏上级就是巴结领导，有损自己的人格；二是自视清高，觉得上级处处不如自己；三是怕不会与上级相处，弄不好出丑。希望有这种想法的朋友摒弃这种不健全的心理，试着用心体会欣赏上级的方法，必然能领略到其中的好处。

在部门或团队中，每个人都需要和自己的上级之间建立和谐、融洽的关系。从自身出发克服自我情绪，真正树立和培养与上级亦师亦友的关系。不要总是以为自己是一匹千里马，伯乐就一定会选中我们。今天这个社会，人才大量过剩，不是伯乐寻找千里马的时代了，而是千里马去寻找伯乐的时代。我们欣赏自己的上级，也是为自己的职业前景描上绚丽的一笔，时时刻刻为自己的职场提升增加辅助因子。

明白了这个道理，就懂得了另一个道理，那就是上级也存在需要得到他人赏识和肯定的心理，尤其是需要来自他的下属的欣赏和爱戴。下属对上级的欣赏会让他们感觉到获得了更多的威望和拥护，对下属的眷顾也会增多。这不是阿谀奉承，而是对上级才能的一种肯定，是对上级带领下属取得进步的共同欢呼。懂得欣赏上级，有利于形成融洽、和谐的人际关系；懂得欣赏上级，有利于增进与上级之间的信任和感情。一个人如果在心里把上级视为死对头，看上级一无是处，事事抱怨，只能说明他的个人性格有缺陷、能力有限，做事也会处处蹩脚。这样的人无论换多少个工作也不会得到上级的认可，因为这类人永远不懂得欣赏别人，只认为自己怀才不遇。

欣赏上级不能存有拍马屁、索取回报的阴暗心理。什么是真心的赞赏、什么是夸张的逢迎，上级心里一清二楚。尽管好听的话谁都爱听，但听得多了总会起腻，我们不是发自真心的欣赏只会使上级怀疑自己的能力和我们的目的，效果只能适得其反。

有人可能会说，他的上级从来没有注意到他，也从来不欣赏他，自己在单位里一直默默无闻。这个道理与结交朋友有些相似，那些经常抱怨没有朋友的人都是很少主动去结交别人，他们总是等着别人来找他。那些朋友多的人之所以能够左右逢源，是因为他们擅长发现别人的优点，善于主动结交他人，并从心里接纳他人。明白了这个道理，就会清楚为什么上级不欣赏我们，因为我们从来也没欣赏过上级，也没主动向上级靠拢过。礼尚往来，我们一点点欣赏的眼光都不送出，怎么会收获上级对我们的欣赏？

因此，如果我们发自内心地欣赏上级的卓越表现，那么上级同样也会在我们顺利完成一件工作之后向我们表示祝贺和欣赏。

如果是年轻的上级，或者是一位新来的上级，他可能在某一方面没有什么经验，因而事情做得不是很圆满，但只要不是什么原则性的失误或严重的错误，我们就不要对他求全责备。不要因为他是上级，就要处处都比下属强。我们应该找他做得好的方面去鼓励他，使他在更有信心的同时也感受到下属对他的尊重和欣赏。我们可以对他说："您才来就能够做到这种程度，真的很不容易"、"您还这么年轻就能做得这么好，真是不简单"，等等。

学会欣赏上级、尊重上级，这是下属必修的职场技能课程。请记住，它不同于"拍马屁"，而是融洽上下级关系、创造和谐气氛所必需的，因为只有相互欣赏的人才能合作愉快。因此，作为下属，不要怕什么流言蜚语，而要顶得住压力，学会欣赏自己的上级。

──── 法则8：敬业 ────

我们在追求职场成功的过程中，不可避免地遇到这样或那样的困难。有的人在困难面前退缩了，有的人面对困难却越战越勇。要战胜困难，就要有敬业精神。敬业精神是我们成为职场强者的一个重要方面，也是我们由弱者到强者应该具备的职业品性。如果我们在工作上敬业，并且把敬业变成一种习惯，我们会一辈子从中受益。

我们敬重并重视自己的职业，把工作当成自己的事业，并对此付出全身心的努力。抱着认真负责、一丝不苟的工作态度，即使付出更多的代价也心甘情愿，并能够克服各种困难，做到善始善终。敬业的下属，不仅仅是为了对上级有个交代，更重要的一点，敬业是一种使命，是一个职业人应具备的职业道德。

无论东西方，敬业精神一直是人类工作的行为准则。在我们这个国家飞速发展的时代，敬业更是成为成就大业不可或缺的重要条件。在竞争如此激烈的职场，毫不夸张地说，一个人的职场命运，很大程度取决于其敬业程度。哪个岗位会养闲人？尤其是以经济效益为目标的企业、公司中，没有敬业精神的员工几乎无法立足。只有具备敬业的职业道德，才有可能为单位提供优质的服务，并能创造出优质的产品。如果把界定的范围扩大到以国家为单位，那么一个国家能否繁荣、能否捍卫主权，也取决于人民和军队是否敬业。

但在职场中，人们的敬业精神却越来越低，总有些人在工作中偷懒，不负责任。这样的员工，头脑里根本没有对敬业的理解，更不会把敬业看作是一种神圣的使命。我们敬业所带来的最直接的结果当然是事业的不断发展，以及个人的成功。当敬业意识深植于我们脑海里，那么做起事来就会积极主动，并从中体会到快乐，从而获得更多的经验，取得更大的成就。但如果不具备敬业精神，也就不会有成功的可能了。工作上的马虎失职，也许对上级并不会造成严重的影响，但长此以往，上级对我们下了不敬业的结论，也就葬送了我们的前程。

许多非常优秀的大学生步入职场后，对工作缺乏敬业精神，结果往往抓不住成功的机会，让把这些大学生招聘进单位的上级大跌眼镜，连说"看走眼了，看走眼了"。上级的话令我们深思。之所以要敬业，原因无非是两个：一是为了提高自己的业务能力，放眼于未来的发展；二是为了把工作干得更好，对上级负责，得到上级更大的支持。

任何一个上级，都希望自己的事业不断发展，他自然而然地需要一个、几个乃至一批兢兢业业、埋头苦干的下属，需要一些具有强烈敬业精神和强烈责任心的下属。从这一点说，敬业的下属是上级最器重的下属，也是最容易成功的下属。如果我们的能力一般，敬业可以让我们走向更好；如果我们十分优秀，敬业会将我们带向更成功的领域。假若上级的周围缺乏实干、敬业的人，我们却具有强烈的实干、敬业精神，自然能得到重视，受到重用，得到提拔。事实证明，敬业的人能在工作中学到比别人更多的经验，这些经验便是我们向上发展的踏脚石，就算我们以后换了工作，从事不同的行业，丰富的经验和好的工作方法也必会为我们带来助力，敬业精神也会为我们的成功带来帮助。因此，把敬业变成习惯的人，从事任何行业都更容易成功。

如果自认为敬业精神还不够，那就强迫自己敬业，以认真负责的态度做任何事，让敬业精神成为我们的习惯。把敬业变成习惯之后，或许不能为我们立即带来可观的收入，但可以肯定的是，如果我们养成"不敬业"的不良习惯，我们的成就就会相当有限。因为我们散漫、马虎、不负责任的做事态度已深入意识与潜意识，做任何事都会有"差不多就行了"的直接反应，其结果可想而知。如果一个人到了中年还是如此，很容易就此虚度一生了。

所以，短期来看"敬业"是为了上级、为了单位、为了自己的收入，长期来看还是为了我们自己！因为，敬业的人才有可能有自己的事业。此外，敬业还能得到其他意想不到的好处：

● 容易受人尊重。就算工作绩效不怎么突出，上级也不会挑我们的毛病，甚至还会受到他们的尊重。

● 容易得到提拔。上级都喜欢敬业的人，我们的敬业可以减轻上级的工作压力，上级就会对我们放心，将我们视为"骨干"和"重点培养对象"。

现代职场，由于市场经济高速发展，工作机会很多，选择余地非常大，但是千万不要以为到处都有机会，而对目前的工作漫不经心。我们虽然很年轻，也不要整天混日子，我们职场发展的黄金时间就是 30 岁之前。古语说得好，"三十而立"，如果我们到了 30 岁还是没有事业的成就感，比我们更年轻的生力军就会无情地淘汰掉我们这些"职场前辈"。我们都应该磨炼和培养自己的敬业精神，因为无论我们将来到什么位置，做什么工作，敬业精神都是我们走向成功最宝贵的财富。

—— 法则 9：有激情 ——

激情是一种让人热血澎湃的感情，是一种主宰自己命运，积极探索大千世界的动力，激情是一种可贵的品质。毛主席在他的词《沁园春·雪》中描写北国雪景，展现祖国山河的壮丽；由祖国山河的壮丽而感叹，并引出对历史人物的感慨，纵论历代英雄人物，豪迈地发出"俱往矣，数风流人物，还看今朝"的激情，抒发了一代伟人的广阔胸怀和远大抱负。这种激情一直伴随着毛主席走过艰苦卓绝的岁月，迎来了崭新的中国。

激情是人的"精气神"，让人的目光炯炯有神，让人的斗志遇挫弥坚，让人的行动百折不挠。可是，这种激情在如今的年轻人身上越来越少见了。看看我们如今的职场，对自己的工作和所从事的事业充满激情的人少之又少。看看我们一天的表现，早上醒来一想到要去上班就心中不快，急急忙忙地赶到单位以后，无精打采地开始一天的工作。好不容易熬到下班，整个人才"活"过来，和朋友直奔饭店、商场、超市等场所，发泄一天的郁闷，还不忘陈述自己的工作有多乏味、上级有多无聊。如此周而复始。据统计，有超过 50% 以上的人视工作为痛苦的根源，而且迫不及待地想要摆脱工作的桎梏。于是我们会经常看到身边的人一年换好几次工作；不工作向家里伸手要钱的人；还有一些成为职业宅男、宅女的人，沉迷在网络游戏中不能自拔。

社会压力的与日俱增，职场人士都承受着巨大的有形或者无形的压力。职场不公现象，疲于奔命、不休止的工作，职场冷漠都扼杀了我们心中对事业的美好追求和热忱。从热爱工作到应付工作再到逃避工作，我们的职业生涯遭到了毁灭性的打击。

工作是我们个人价值的体现，是一种幸福的享受，是一个人尊严的体现。可是，为什么有人却把它当作痛苦的根源？实际问题往往不是出在工作上，而是出在我们自己身上。如果本身不能热情地对待自己的工作，那么即使让我们做喜欢的工作，时间久了依然觉得它乏味至极。我们应从工作当中找到乐趣、尊严、成就感以及和谐的人际关系，这是我们所必须承担的责任。

激情对我们来说就如同生命一样重要。如果我们失去了激情，和我们的上级就无法建立起敏锐的互动，就无法及时领悟上级的指令，即使领悟了上级的指令也会懒散地对待，这种人不可能在职场中立足和成长。凭借激情，我们可以释放出潜在的巨大能量，补充身体的潜力，发展出一种坚强的个性；凭借激情，我们可以把枯燥乏味的工作变得生动有趣，使自己充满活力，培养自己对事业的狂热追求；凭借激情，我们可以感染上级，让上级理解我们、支持我们，获得上级的提拔和重用，赢得珍贵的成长和发展机会。

我们的上级会和我们不停地谈职业的前景，指出我们的不足，督促我们改进工作作风，逼着我们成长、成熟、发展。客观地讲，上级虽然像个"催命鬼"，但是上级的确是我们的人生益友、职场良师，是我们人生得以精彩和有意义的最佳保障。上级的激情来自哪里？来自自身的责任，上对得住他的领导，下对得住他的下属。然而如果我们没有激情，我们成长和发展的机会从何而来？不要再去计较那些毫无意义的事情了，有什么比拥有精彩和幸福的事业更让人快乐？对我们的工作倾注激情，我们将从中获益匪浅。

如果我们只把工作当作一件临时的差事，那么就很难倾注激情。而如果我们把工作当作一项事业来看待，情况就会完全不同。

有这样一个流传已久的故事：一个小镇上，路人问三个石匠在做什么。第一个石匠说："我在砌石头。"第二个石匠说："我在垒墙。"第三个石匠说："我在建设一所百年教堂。"这其中的差别就在于怎样看待自己的工作。

像我们的上级一样，把工作当作一项事业来做，把自己的职业生涯与工作联系起来，就会觉得自己所从事的是一份有价值、有意义的工作，并且从中可以感觉到使命感和成就感，从而彻底改变懒散的工作态度。那么，先从小事开始。

● 笨鸟先飞。彻底改掉跟在别人后面、做事慢一拍的坏习惯，在工作中先行一步。反应敏捷、做事勤快、行动力强就是激情的最直接体现。

● 积极主动地做事。主动做事情，把激情投入到工作中去，主动想办法解决问题，不但会从中学到很多知识，而且会给上级留下果断和积极的印象，这样我们获得上级指导的机会会更多。

● 比上级预想得快一点。低下的效率让上级不愿给我们更多的机会，还会让上级怀疑我们的工作能力。每次都提前完成上级布置的任务，为自己创造良好的心态，鼓励自己把全部激情倾注于工作中，这样工作起来才会意气风发。

● 保持乐观的情绪和笑容。工作是愉快的，要让我们的快乐感染身边的每一个人。

激情不是什么高深的东西，就隐藏在我们的心里，隐藏在工作的过程中，我们要激发这种热情和干劲。相对来说，激情在成功的所有因素中是比较容易培养的，因为它所需要的就是一个态度。那么，如何培养我们的激情？不妨从以下几个方面做起：

● 深入了解每个问题。我们对许多事情、许多问题没有激情，并不一定表示我们对它们漠不关心，而是我们对它们不了解。想要对某个事情充满激情，先要学习我们目前尚不感兴趣的事，了解得越多，越容易培养兴趣，而一旦有了兴趣，我们就会对这个事物充满激情。

● 做任何事情都要充满热情。在实际工作中，我们是不是热心，有没有兴趣，都会在行为上表现出来。如果注意平时的培养，我们就会将激情逐渐变成一种习惯。

● 多给人们带来好消息。尽量把好消息带给大家共享，告诉他们今天都有哪些好消息，尽量讨论一些有趣的、有益的事情，同时把不愉快的事情抛在脑后。多多地鼓励我们身边的人，在每个可能的场合都要夸奖他们，好让他们与我们一起分享快乐，创造良好的工作氛围。

我们都渴望激情燃烧的岁月，期盼付出自己的激情，换来丰厚的回报。随时保持激情饱满的态度，只要我们具备了这个条件，就可以让自己的事业飞黄腾达。上级随时都在考察着每一个下属，如果我们一天到晚死气沉沉，连自己都不能感动，怎么能感动我们的上级？激发自己的激情吧，对工作、对上级热心一些，对我们的职场人生会大有好处。

——— 法则 10：高效率 ———

　　上级给下属分配工作岗位，布置工作任务，都是比较合理的，职场讲的就是配合，注重的就是团队作战。可以说是环环相扣，每个人都是其中的一分子，哪一个出现差错都会影响到团队的成绩。我们工作中一定要注意效率，不要掉队，不要成为拖大家后腿的"伤兵"。

　　时间是最公平的，不论贫富贵贱，每个人每天所拥有的时间都一样多；时间又是最不公平的，每个人每天取得的成就绝不会一样多。那是因为每个人在时间观念上的认识不同所致。智者利用时间创造机会，所以他的成功机会永远比别人多；庸者等待时间给予机会，所以他只有极少数的成功机会；愚者浪费时间错过机会，所以他永远都没有成功的机会。

　　同样的一份工作内容，有的下属 1 个小时就能完成，有的下属却要 3 个小时，甚至更多的时间才能完成。排除业务熟练程度因素，也排除工作态度，这里面就存在一个效率的问题。上级或许看到，一个有责任心，高度敬业的下属，每次都是最后一个离开办公室，工作时间忙得连厕所都顾不得上，水也顾不得喝上一口，但是就是不出活。看着下属满头大汗，上级只能暗自摇头："方法都对，就是这个效率太让人……"

　　一个高效率的人一天实际工作时间可能只有 4 个小时，一个低效率的人一天实际工作时间可能在 8 个小时以上，偶尔还要加班，甚至把工作带回家中完成。有些下属要花上一星期才完成的工作，有些下属却只需要 3 天的时间。为什么会有这样大的差别？这除了学识和能力不同外，同样重要的理由，是因为时间管理不同，做事效率高的，往往时间管理较佳；而做事效率低的，则时间管理十分差，抓不住重点，理不清主要矛盾。两个设计师同时接受了上级布置的任务。一个很快就投入了工作；另一个东张西望，一会看看 QQ 信息，一会摆弄一下手机，一会整理一下发型，一会和同事聊上几句。一上午的时间才草拟了一个简图，而另一个已经制好图，核算好所有数据向上级交差了。每个下属的表现，上级都清清楚楚地看在眼里，同样的工作交给不同的人，他们所耗费的时间却各有不同。办事效率很高的下属自然会得到上级额外的欣赏，会授予更多的重任。有些人耍小聪明，故意拖沓时间，只是为了减少工作量，然而在这个目的掩盖下的行为也让自己失去了许多发展的机会。

很多下属向上级证明自己的时候，都表明自己是有目标、有理想的青年，但是那些目标却很令上级怀疑。因为他们的梦想和行动脱节了，心中希望得到这样，却没有认认真真去做，问他们为什么，他们最佳的借口就是："没时间。"很多下属抱怨时间不够用、抱怨上级给自己的工作量太大，那其实并不是真的不够用，而是由于时间管理不善，不知道自己把时间浪费在哪里了。

事实上，每天的时间稍稍浪费一下，你就会发觉时间已经流失，原本可以半小时完成的事，结果一两个小时过去了却还没有做完。但那些善于管理时间的人，相等时间内所做的工作却比前者多几倍。哪一个较容易成功，一目了然。无疑，职场中每个人都很忙碌，除了日常工作外，还有很多生活琐事的烦恼让我们的效率低下。提高效率的第一步，并不是技术问题，而是精神问题。一定要集中精神，专心一意，不要把心神分散。我们的社会有太多信息和事情，不像以前那样简单纯朴，所以人们的心思也变化多样，不能集中起来。

真正想提高效率要专心，每一刹那都全神投入在当前的事务上，这才是提高效率的关键。许多员工的职场缺陷之一，就是集中精神比较困难。我们的工作很多时候都要用到电脑，不妨留意一下，我们在工作时，有多少时间是离开了电脑而在想其他事情或者进入某个网站一停留就是几个小时。年轻人爱动，对着电脑工作感到沉闷时，就很容易上网看不相关的信息，因而天马行空，也不知道自己在干什么，这样一来就已经浪费了若干个小时。

提高效率就要集中精神，时时提醒自己，命令自己现在做些什么事。知道自己正在做什么，也就知道自己想要什么。要精神集中就必须经常做自律训练，才能获得好成绩。具备了这种心理素质之后，才可以进一步考虑方法问题。

● 就是规划每日的时间表和备忘录，每一天要做些什么事情，按照时间表上的计划行事。每个项目大约花多少时间也要有所预算，不可以任其发展，以致简单的工作可能拖上几小时，或一个原本只有半小时的会晤，最后却花上数小时。

● 工作时间长短有所改动时，需要有恰当的理由才行。这个理由必定要具有说服力，否则坚决抵制。例如，我们工作时，同事发过来一个视频网页让我们看，精彩的内容让我们一看就是半小时，然后又和同事议论一番，交换一下意见，两个小时就过去了。本来两个小时就可以完成的工作却一拖再拖，如果这个时候上级追问进度，不知下属如何作答。遇到这种情况，一定要抵制自己的好奇心，等工作完成后再看也不迟，不要因此妨碍了工作进度。

● 抓主要矛盾。不要限制自己每个任务需要多长时间，最紧要的是看看哪项工作最紧急。把主要矛盾解决了，其余的工作即使还差一些，上级也不会怪罪。

要使自己不被上级批评，那就一定要提高效率。尽早付出时间办事，就可以尽早达到目标。工作的时间不多不少，就只有 8 个小时，时间管理做得好，能使我们更加有效率，不至于白白浪费生命，高效率也是成功者必备的素质之一。

——— 法则 11：有幽默感 ———

有个朋友和我讲：他在美国的时候，说他的美国朋友穿得太寒酸，对方并不生气，表示大家都这样，自己喜欢就行；如果说美国朋友没有幽默感，对方就会和他翻脸。在美国，幽默是一种能力，是一种美德，是人际交往的润滑剂，大家都以富有幽默感为荣。

据美国针对千名以上的管理者的调查显示：77%的人在员工会议上以讲笑话来打破僵局；52%的人认为幽默有助于其开展业务；50%的人认为企业应该考虑聘请一名"幽默顾问"来帮助员工放松；39%的人提倡在员工中"开怀大笑"。一些著名的跨国公司，上至总裁下到一般部门经理，已经开始将幽默融入到日常的管理活动当中，并把它作为一种崭新的培训手段和管理工具。

良好的人际关系很大程度上源自轻松愉快的工作环境，很难想象在严肃、僵化、死板的办公室里会有和谐的人际关系和高涨的工作热情。幽默是调动人们快乐的工具，是助我们走向成功之路的开心果。我们与上级的交往过程中，如果能有些幽默感，就会让交谈的气氛轻松许多。保持幽默、传递幽默，可以让我们赢得一个受欢迎的好名声。"幽默能提升软实力"，开心的笑脸和提高生产效率应该是相辅相成的。如果在工作中运用幽默，往往可以取得很好的效果。如果在有幽默感的上级手下工作，下属都会感觉压力减少了，工作完成的速度也提高了，同事间的关系也和谐了。

幽默不仅能给我们的生活带来笑声、带来欢乐，而且能使我们拓宽职场的人际关系，增长才干，在职场的历程中获得成功。美国心理学家赫德·特鲁写过一本名为《幽默就是力量》的书。他认为，幽默是运用幽默感来改善我们与别人关系的一种艺术。我们如果一味注重对上级的恭敬和严肃，就会显得缺乏趣味和情趣，不免会使上级生出公事公办的心理反应。这是因为大多数人都希望通过交往从他人那里得到欢乐，所以就应该顺应上级的心理，使他觉得快乐而无丝毫的负担。

我们的幽默带动了同事的工作热情，也会影响到上级的心情，哪个单位有这样一个"开心果"，一定是最受欢迎的明星。在午休或者工作之余，上级会要求这样的同事给大家讲个笑话或者表演个逗乐的节目，上级也会兴致勃勃地坐在众同事之中，与民同乐。在这样一个工作环境下，谁能拒绝愉快的心情和高效率？

那么，如何把幽默作为我们提高职场人际关系的工具？美国企业及心理问题顾问芭芭拉·麦考博士提出了把幽默作为一种专业工具的两个要点：一是把幽默对准环境而不是个人，尽量避免讽刺和指责；二是让问题成为笑话的对象，不要让个人成为笑话的对象。把握这两个要点，我们可以留心生活中的小故事、小趣闻等，在我们与上级工作时随时注入幽默。如果我们能不时地与性格开朗的上级开个玩笑，幽默一下，上级必然会觉得我们很随和，从而愿意接近我们。这样我们才能真正了解上级，与他们更好地进行沟通，这对于我们的工作来说是极其重要的。

表达幽默的方式有很多，比如：

● 在有压力或压力过后，给上级寄出一些幽默卡片或者发一些幽默的图片。

● 将我们所发现的一些有趣的信息及时发给上级。

● 在饮水机或员工吸烟处挂一个小白板，鼓励大家在上面张贴幽默有趣的东西和图片。

● 会议开始时讲 5~10 分钟办公室笑话或有趣的客户经历。但是，一定要记住最基本的原则：千万不要为了搞笑而使用讽刺或侮辱手段。向任何人传递微笑和快乐的心情，包括我们的上级和同事，绝对不要只上不下，那样会让我们得到"谄媚"的骂名。

美国历史上的许多重要人物，如林肯、罗斯福、威尔逊等，都有幽默的好习惯。有一次，林肯与一位朋友边走边交谈，当他们走至回廊时，一队早已等候多时、准备接受总统训话的士兵齐声欢呼起来，但那位朋友还没有意识到自己应退开。这时，一位副官走上前来提醒他退后 8 步，这位朋友才发现自己的失礼，立即涨红了脸。但林肯立即微笑着说："先生，你要知道也许他们还分辨不清谁是总统呢！"就这么一句简简单单的话语，立刻打破了现场的尴尬气氛。

幽默是一种减压方法，在压力极大的情况下，一句幽默能让上级马上转变心情，鼓舞了团队士气。幽默感也是一种平等精神的表现，更重要的是，幽默感使人富于创新思考和同情心，无时无刻不在追求烦恼中的快乐、冲突中的和谐。幽默让我们用新的视角和积极的态度去看待困难和问题。幽默也是我们必须具备的一种语言艺术，用幽默的手法与上级交往，往往能收到奇效。

幽默不是回避问题，更不是插科打诨。幽默的力量在于调节与上级之间的气氛。人在心烦时，可以去吃东西、运动、找心理医生，而幽默是不需要成本的调节艺术，是智慧的化身。我们需要这种智慧来帮助我们的事业取得更大进步。

——— 法则 12：有良好的表达能力 ———

在与上级的交往中，我们能否给上级留下好印象，能否让上级了解并喜欢我们，很大程度还取决于我们的语言表达能力，即我们的语言能否流畅、通顺，能否明确表达自己的思想，而不给上级造成误解。有些人不善于表达，一遇到上级或其他需要独自发表观点的场合，例如在大会上发言、与客人或上级交谈时，他们就会非常紧张，不能很好地表达自己的思想。这样给上级的印象是非常不好的，上级会认为我们是一个缺乏自信的人。

一个人的谈吐高超，不仅能拉近与上级的距离，还能提升自己的职场形象。当代有些领导的语言表达能力非常高超，讲话、作报告完全能抓住听者的心，让听者每次都有意犹未尽的感觉。我们虽然达不到这个程度，但是也要提高我们的语言表达能力，职场中最关心我们语言表达能力的就是我们的上级和我们的客户。我们做的好，不仅给上级留下深刻的印象，而且也为他争光。

我们的一项重要任务就是领会和贯彻上级的指示和精神。把上级的科学决策准确、完整、有效地落实下去，按照总体部署，有条不紊地开展工作，完成任务，从而提高效益，创造业绩。我们向上级请示工作、参加会议、与同事交流、接待来访、参加社交活动、发表讲话和个别交谈都需要语言表达能力。在工作中，如果不和上级进行沟通，工作就会经常遇到困难。如果我们不主动出击，不积极与上级交往、不与上级进行语言交流，就不可能得到上级额外的支持。

那么，我们的表达能力如何？在和上级交往时会紧张不安吗？能清楚地表达自己的意见吗？语言通顺流畅吗？如果在这些问题上不能做出肯定的回答，那我们就需要提高语言表达能力了。提高语言表达能力的方法有多种，下面简要介绍几种：

朗读

在没事的时候，可以拿起各种书籍大声地朗读。通过朗读来加强自己的语感，就像我们学英语，读得多才会说得好一样，汉语也是同样的道理。朗读时，完整的句子一定要读完整，使整篇文章尽可能顺畅、流利，这样在说话时才可能有相同的感觉。

参加各种演讲比赛和发言

有很多人虽然平时与别人说话都很好，但只要一到台上，或是当着上级的面，就什么也说不出来。这是紧张的表现，通过参加各种演讲比赛和抓住一切发言的机会都可以锻炼自己的语言表达能力、锻炼自己的胆量。这种比赛本身无关紧要，不要有紧张情绪，当我们找到在台上讲话的感觉，以后在各种正式场合就可以很好地表达，再也不会出现紧张、怯场的情况。

多和身边的人交流

平时多和家人、朋友交谈可以锻炼语言表达能力。交流是双方的、相互的，根据对方的反应，我们要适当地调整谈话的内容和表达的灵活性。让家人、朋友多监督我们，久而久之，表达能力就会有所提高。

当然，上面的几种方法都不会立竿见影，需要长期持久的锻炼，才会有效。良好的语言表达能力，不仅是清楚地表达自己的意思，也应注意灵敏的原则。

在交往中，说话也需因上级而异，即遇到不同的上级说不同的话，符合对方的心理需求，从而赢得上级的好感。接下来的谈话就会顺利得多。在与地位高于自己的上级谈话时，既要表现出对其应有的尊重，又要有自己独立的思想和见解，不能随声附和，一味地说"是"，这样反倒会使上级不悦，认为我们没有主见。当然，必要的尊重是应该的。例如，当我们和上级探讨某一问题时，要在充分听取他的意见之后，再陈述自己的见解，这样既可以表达对他的尊重，又表露了自己的想法。

语言表达能力不仅表现了我们的修养，更能让对方在与我们的谈话中产生对我们的尊重与信任，所有身在职场的人不可不知，也不可不学。

语言表达能力是我们的一项重要能力。我们都喜欢与表达能力强的人交往，一是我们能接收到许多有用的信息；二是能调动我们的语言中枢，和对方聊个痛快。良好的语言表达能力与谈话技巧是提升自身影响力的一大力量。有了这种能力，我们可以在上级面前展示自我的优点，给上级留下很好的印象，这也有助于我们接近上级，保持良好的人际关系。如果这方面能力不太强的话，一定要注意多加练习，因为它是我们通向成功必不可少的条件。

——— 法则 13：巧妙利用数据 ———

我们对目前的工作有一个很好的建议，可以有效提高经济效益，但是再三向上级解释，上级都不理解、不同意。无奈之余，却看到其他同事以类似的方案非常成功地说服了上级，争取到预算，落实了计划，把本来应该属于我们的光环戴在了他们的头顶。

这样的情况在职场经常出现。一个比较大的项目，涉及的人和事很多，头绪纷乱，不是一眼就能看清的。尽管我们一再强调这个项目会带来好的结果，除非我们能让上级看到过程与结果之间的逻辑性，否则他是不会认同的。但是，项目过程比较复杂，不是三言两语能说清的；即使我们口才很好，讲得有条理，上级一时也不一定能全部记住。因此，我们要重视数据的作用，一个好的建议或者汇报要靠科学演算的数据来说话，而不是项目过程的层层堆砌。详细说明项目中的数据变化，留给上级慢慢思考和形成印象的时间。这样的效果肯定比云山雾海的表达方式好。

我们是否常常听到上级说"别和我说过程，我要的是真实数据"。这句话告诉我们，想象和落到实处的区别在哪里，不通过真实的数据演算，所有的设想都是无本之木、无源之水。我们所处的世界及身边的事物，每时每刻都在发展变化：一件事情的好坏，如果只看现在，或单凭经验、感觉进行判断，往往说服力不够。"大概能提高 5 个点的利润"、"客户好像订购其他厂家的产品……"、"可能……"、"似乎……"等，这种判断往往是徒劳的，而且极有可能导致失误。如果用具体数据表述，就清晰多了。我们可以明确地告诉上级，采用我们的建议可以使产品合格率提高到 99.3%；采用我们的建议能为企业每月节省 1 万度电。这些实打实的数据比我们作一篇精彩的工作汇报更能引起他的关注。

有些上级对数据的兴趣远胜于我们的长篇大论，尽管这些数据可能并不准确。从某种意义上说，数据代表"准确"，它比任何语言更能说明事实。

尽管有时候数据也能迷惑人，但他确实能给上级更精确的印象。许多人都觉得一旦有了数据的印证，事实就有了科学的依据，就会相信报告的准确性。其实，我们在日常生活中也会过度相信数据的可信性。

比如，我们想买一台彩电，连续看了几个品牌都拿不定主意，这时候如果有个导购员对我们说："我们家的彩电这个月到现在卖出了38台，遥遥领先其他品牌20多台，今天又有2位顾客订购了我们的彩电，我建议您重点考虑一下我们的品牌。"这种情况下我们就会注意到数据的重要性，会重点参考大多数人的选择，从而购买这个品牌的彩电。为什么我们会这样取舍？因为有数据等于精确，孰优孰劣，一目了然，相信大家的共同眼力是没错的。至于这个数据的可靠性，没有人会追究到底的。

此例足以说明人们对数据的信任和重视程度。我们工作中最好用数据说话，平时的口头汇报添加几个准确的数据，会让上级对我们的汇报更加重视。不要用错误的数据欺骗上级，因为我们的上级大多是比我们更精明的人。

作为下属，如果我们了解单位某方面的数据，无论是产品价格分析、市场占有率、业内采购标准等，都说明我们对工作的情况了如指掌，自然会受到上级的器重。因为他随时需要向我们了解新的情况。如果我们善于用数据说话，说明我们办事踏实，随时关注着行业和企业的发展进程，是个值得造就的人才。不要让上级帮我们计算或代替我们思考。当上级提问时，才匆匆忙忙找数据或进行计算会给上级留下做事不负责任、思考不成熟的印象。要达到胸有成竹，脱口而出的程度，对工作中涉及的数据应烂熟于胸，尤其是数据量庞大的科研、钻探、航天、生物制药、大型制造企业、电子信息行业等，掌握数据，熟练使用数据会为自己的事业插上腾飞的翅膀。很多下属就是因为了解或运用这些数据而获得上级重用的，因为上级精力有限，他们不会对这些数据花费过多时间记忆的。

无论是向上级进言，还是在工作中，我们都要保持对数据的敏感。即使是数据微弱的变化也要保持重视，随时更新自己的"数据库"。遇到上级向高层汇报工作或者谈判时，极有可能让我们做助手随行。对数据保持足够的重视，使用好数据这个"武器"，你会发现我们的建议上级开始感兴趣，开始愿意听我们的汇报了。

法则 14：调动上级的积极性

我们也许会遇到胸无大志的上级。他们奉行的原则就是不出错、不出格，不允许下属超常发挥，更不允许下属"大跃进"。一句话，在他任职的期间，平平稳稳，不求有功，但求无过。遇到这样的上级，是下属最苦闷的事情，尤其是有能力、有志向的下属更是度日如年。除了按部就班，没有大的发展了。上级这样做自然有他的道理，就是苦了下面的人，必须想办法推动一下上级。把握住上级的心理，为自己争取一些成功立业的机会。我们应该准确知道上级的长处和短处，以及他的工作方式和生活习惯，尽量扬其所长、避其所短，使上级不仅愿意，而且能够有效地支持下属的工作，即调动起上级的积极性。

了解上级的"家底"并不难。根据他的学历和履历，就能大致摸清他的知识结构和学识水平，知道他的长处和短处；从有关资料和曾经与其共过事的人的交谈中，就能知道他的工作方式和生活习惯。然后通过自己与上级的直接接触，就能掌握上级的主要特点。为了有效地调动上级的积极性，为我们争取最大的支持，提高我们的职场生命力，精明的下属应注意抓好以下几个环节：

● 根据上级的不同特长，主动寻求有效的支持。通常情况下，上级最擅长、最熟悉的领域，往往是他知识比较丰富、兴趣比较浓厚，也是最能给下属以"有效支持"和"有控制能力"的工作范围。一个精明的下属，往往能敏锐地看准并充分利用上级的特长，知道上级能做些什么、可以提供哪些支持和帮助，并据此适时适度地向上级提出给予支持的请求。

● 仔细区别上级的优势和劣势，灵活掌握汇报的方式，从而寻求尽可能多的支持和帮助。对于不能随意选择的固定上级，主动寻求支持比较困难。在此情况下，最好的办法，还是针对其特长，采取不同的汇报方式，寻求最大的支持。譬如：对上级精通的业务范围，汇报时简明扼要，少解释多提示。对于上级不懂的业务范围，汇报时要详尽透彻，解释要耐心，并陈明利弊得失。让上级觉得自己对这一部分没把握，从而给我们充分地放权，给我们自由发挥的空间。

● 尽可能适应上级的生活习惯和工作方式。精明的下属必须首先善于适应上级的作息习惯，因为它是上级在长期的组织管理活动中形成的。在上级精力最集中、情绪最饱满、工作效率最高的时候，将最重要的工作计划和意见书提交上去，这样往往能获得最满意的工作效果。然后，适应上级的沟通习惯。调动上级的积极性，必须经常沟通情况，使上级充分了解下属的工作进展和思想意图。另外，还有交谈习惯。在与上级的接触中，交谈是增进上下级之间的了解，获得上级的同情和支持的最直接手段。

作为下属，应当运用有效的方式方法，使上级了解我们工作的重要性和可行性，从而使上级理解我们的战略意图和实施方案，愿意帮助我们，赢得下属广泛的支持。大家可以参考前面我们探讨过的内容，结合胸无大志、主动性不强的上级的特点，为自己争取可利用资源。常用的方法有以下几种：

反复强调法

作为上级，一方面，由于他处于宏观和整体的领导地位考虑问题，总的来讲，要更全面、更周到一些，这是其长处；另一方面，由于重任在肩、公务缠身，涉及具体工作时，往往由于精力分散、时间仓促，总不如下属能够更清醒、更深入地进行了解分析，这是其劣势所在。作为下属，在许多情况下，我们能够集中精力和时间对某项工作进行专心研究，但由于身处微观和局部负责的地位，考虑问题不如上级高瞻远瞩。既然上下级之间各有所长、各有所短，为了获得上级的有效支持，对上级某些持"半信半疑"态度的工作应采用反复强调法。

侧面疏通法

此法通常是在向上级正面请示无效的情况下，采取的一种辅助办法和补救办法。有时，由于下属的身份和影响力还不足以使上级改变态度，甚至说多了反而会将事情弄僵。这时候，精明的下属就不应该一味地从正面强攻，而应改用侧面疏通法，巧妙地使上级在不失体面的情况下，转而采纳我们的意见、支持我们的工作。

实绩启示法

上级对客观事物的认识总要有一个逐步深化的过程。有时，当某一项工作尚未开展起来时，上级对其重要性和可行性的理解总是比较浮浅的。任我们磨破嘴皮、说干嗓子，他获取的仍然是一些模糊、抽象的概念。此时，理智的下属不应该再搞无效的说服，而应及时采用实绩启示法，使上级在实绩面前得到启示，从而改变为支持我们的工作。

向上级展示实绩的方法多种多样

例如：下属可以在职权允许的范围内，先搞小型试验，待取得预期成绩以后，请上级来现场观摩；也可选择别的搞得较好的示范地区，请上级参观等，通过实绩启迪，有时往往能收到事半功倍的效果。

形势催逼法

在某种情况下，精明的下属也可对举棋不定、行动迟缓的上级施加一定的精神压力，使他在形势面前感到再不支持下属的工作就有失职和落后的危险，从而催着他改变态度，积极支持和帮助下属开展工作。

调动上级的积极性，我们要做得巧妙，不要让上级感觉到我们对他的管理方式不满，对上级的能力有怀疑。我们要使上级感觉到，我们在指导思想和大方向上和上级完全一致，都是出于公心，为了把党和国家托付的工作做得更好，为了把企业的效益提高，为了把单位的成绩搞上去。要使上级感觉到，我们在思维方式上能够开拓进取、勇于创新，既立足于微观位置，考虑本职工作，又站在宏观角度，替上级出主意、想办法。这种积极、多维的思维方式会促使下属想方设法做好他分管的那一部分局部的工作。归根到底，这正是为了对上级分管的整体工作给予最有力的支持。

我们还要使上级感觉到，我们在行为方式上，能够积极出谋划策、畅所欲言，甚至大胆提出不同意见，并不是为了抢风头，企图超过上级，而是为了维护上级的威信，真诚地助上级一臂之力。

我们要使上级感觉到，我们在心理活动上，对上级布置的每一件工作、做出的每一项决策，都在认真贯彻执行；至于某些修正意见，也是经过深思熟虑之后提出来的，即在心理活动中表现出来的尊重上级是无可挑剔的。这样一来，一定能够得到上级的好评和支持，职业前途也会越来越好。遇到这样的上级，就应该拿出勇气，用率直的心胸以及为上级着想的心态来克服困难。这样一定能够得到意料不到的效果。

—— 法则15：及时发觉不受信任的征兆 ——

我们与上级一直相处得很和谐，不知道从哪一天开始，渐渐发现上级不像以前那样重视我们，开始有意疏远我们。这是一种不祥的征兆，一定要及时警醒，不要觉得无所谓。一时的疏忽大意极有可能导致前面的努力都失败。上级肯定不会突然对我们不满，除非我们做了严重违规、违纪的事；上级也不会因为一件小事突然翻脸。

上级疏远我们，一定会有一些迹象和理由，即使决定辞退我们，往往也是平时的不满情绪逐渐积累的结果。假如我们早就发现了上级不信任我们的征兆，就能加以改善，客服自己的不足，消除上级的顾虑，重塑在上级心目中的形象。

那么，如何察觉不受上级信任的征兆？还是要从工作中思考，再回到工作中验证，请注意以下七点：

● 上级找其他人讨论我们的工作内容，说明我们的工作即将不保。比如，我们是销售经理，产品销售的事，原本是我们分内之事，上级应该和我们商量销售事宜，他却频频去找别的部门或我们的部下商量。这说明我们在他的心里已经被除名了，他或许已经找到替代我们的人选了。我们很快就会离开，再找我们商量工作也没意义，不如直接找我们下面的人或即将替代我们的人，让对方早点儿进入角色，早日准备好接换工作。

● 不再通知我们参加例行会议，说明我们将被组织除名。以前同样的会议，我们都出席参与，最近的几次会议却突然不通知我们参加，事后会议的内容也不向我们传达，参加会议的同事对我们也躲躲闪闪，不肯透露会议的内容。我们并非没有时间不能参加，况且我们还在主持正常的工作，上级这样做，可能是想让我们知难而退，主动辞职；也可能是想对我们保密，不管哪个原因，我们都已被定义为组织之外的人了。

● 直接给我们的下属安排工作，目的是否定我们存在的意义。有些单位做事毫无程序，大领导直接安排基层员工做事是常有的。这只能说明单位的管理水平低，还停留在粗放的管理阶段，不懂得管理的层次性，这不能说明大领导不重视谁。但如果是一家有组织、有纪律、管理分工明确的单位，高层领导越过我们指挥我们的下属，就有特别的含义了。他让我们的下属直接受高层领导指挥与控制，可能是想把我们架空，让我们的工作出现被动，也可能是想借此来削弱我们的影响力，总之都不是好征兆。

● 莫名其妙地安排我们出差，可能隐藏着"调虎离山"的征兆。确实是因必要的工作安排的出差不在此列。除此之外，没有什么确切的理由，上级突然安排我们出差，去外地处理一个非常简单却耗时的工作，极有可能是撤换或开除我们的征兆。他这样做，是希望趁我们不在的时候，在接手我们的工作、下属、客户时阻力比较小，也无所顾忌。等到我们发觉却又无法脱身，只能硬着头皮处理完出差的工作，回到单位，所有的下属都被上边的领导分别约见谈话了。我们成了孤家寡人，主动辞职是唯一能保全颜面的事情了。

● 上级突然间让我们整理工作记录、客户档案、相关工作备案等，可能是要我们交代"后事"。如果上级一下子变得非常热心、认真，要我们建立工作制度，留下客户档案，并和我们探讨部门的下一步工作方向和工作重点，甚至问我们如何提高部门今后的工作成绩。出现这种情况，上级就已经在考虑我们离开后部门的下一步工作了，查看一下哪些工作需要注意？哪些客户需要沟通、说明？哪些下属需要安抚？哪些下属需要一起辞退？要我们整理这些记录，交代这些注意事项，就是为了事前预防。

● 上级突然增加新人做我们的副手。这个目的很明显，可能是为了取代我们提前做好准备。尽管工作不要配备副手，上级却为我们安排副手，而且事前没有和我们说明。当然，他会向我们解释，我们的工作负担太重，劳动强度太大，太辛苦了，增加几个人来帮我们的忙。但实际上，上级可能是想让这些人熟悉我们的工作后再把我们挤走。

● 犯小错而遭重惩。同样的小错误，普通的员工犯了，上级淡淡地批评了事，对我们却十分苛刻。这说明上级在杀鸡儆猴，发泄对我们的不满，让员工看到我们狼狈的样子。同时，也是在警告员工，不要和我们走得太近，我们已不为上级所重视。

职场生存，要有灵敏的嗅觉和锐利的感觉，当我们发现以上几种征兆时，要尽早采取应变措施。如果我们还想在这个单位继续工作，首先要搞清上级为什么对我们不满意，然后对症下药，消除上级的不满。不要等到上级和我们摊牌时才如梦方醒，那就什么都晚了。如果想换个新环境，发现这些征兆时，就提前做好准备，时机合适就主动辞职，为自己的离开画上一个圆满的句号。

——— 法则 16：少一分纵容 ———

职场中最大的敌人是谁？或许有很多种答案，有的人说是竞争对手，有的人说是同事，有的人说是环境……其实这些都不是最重要的，职场最大的敌人就是我们自己。如果我们能战胜自我，那么其他敌人就会变得微不足道了。但战胜自我，又有几个人能做得到？更多的人是在纵容自己的缺点，纵容上级对待自己的不公，放任纵容阻挠自己前进的坏习惯，这样最终的结局就是毁了自己的职场前程。

许多时候，我们对上级的宽容超出了正常的工作原则，超出了公正的工作环境；对自己的宽容变成了无限制的恩宠，宽容自己的落后，宽容自己的缺点，宽容自己的不思进取。无原则的宽容，便是一种纵容。纵容是一种力量，它会使被纵容的人更加有恃无恐，变得更加放任和堕落。因此，纵容是一种能将我们推向深渊的力量。有了这种力量的助推，善良的人会变得邪恶；质朴的人会变得贪婪；勤劳的人会变得懒惰；向上的力量将被消融，被纵容者将一事无成。纵容还是一种自私，缺少真心面对被纵容者的勇气。

对自己的纵容从某种角度来讲，还是一种不负责任的表现，是一种放任自流的态度。那么，纵容自己指的是什么？

纵容自己工作中的懒惰

有人是天生懒惰，这种人没什么好说的，因为他根本没有改变懒惰的自觉性，谈了也是白谈。有人则属于特定条件下的懒惰，例如长久工作后所产生的无力、无心再工作的心理性懒惰，以及工作高压下所引起的反弹式懒惰。除了天生懒惰，任何形式、原因的懒惰都是可以理解与接受的，因为这是一种放松、一种自我治疗。但若纵容这种工作中懒惰的情况存在，甚至沉溺于懒惰，危机必伴其而生，除了本身的满足现状之外，也给上级留下不良的印象。

纵容自己的弱点

人都有弱点，有些弱点是先天的，无法矫正，但工作上的弱点却可以人为地去矫正。例如不自信、得过且过等这些致命性的弱点，我们如果不愿坦诚面对，尽力节制，而纵容自己在这些方面不做改变，那么将给上级无法重用的印象，最终使自己堕落。

纵容自己的享乐思想

我们对待工作都是追求享乐思想的，但享乐和危机是双胞胎，如果贪于享乐而不做危机思考，或贪图享乐而逃避重要的工作责任，则麻烦必至。生于忧患，死于安乐，古人的话，对我们仍然有警醒作用。

纵容自己的欲望

满足欲望是人的本性，但不论有无满足欲望的条件，纵容自己的欲望绝不是件好事，因为这将使我们失去理智，置社会公德、民心所向、规章制度甚至法律于不顾，迷失在满足欲望的追求中，模糊了我们追求的目标，将自己置身于危险之地而不自知。

纵容自己的情绪

放纵喜怒哀乐的情绪，除了会影响别人的情绪外，也会改变别人对我们的态度。尤其是"怒"的情绪，这是一把"双刃剑"，很容易伤人伤己。除了会使我们的人际关系产生变化之外，也会因别人不愿和我们接触，故不愿提供给我们可靠的信息，使我们对周围环境的认识产生扭曲，失去判断的准确性。

除了上述的纵容方式，人们还有纵容自卑心理以及消极心态，这些都将影响到我们的成功。那些职场取得成功的人士，就因为他们永远不会纵容自己，他们总是不断地反省，永远地自律。所以，在职场中他们往往是胜利者，因为他们先战胜了自己。凡成功者无不懂得自律，都不会放纵自己的消极状态，严格地自律是立志成大事者必须具备的能力和条件，希望我们改变这种状态，都能做到不纵容自己的缺点。

工作中还存在一种现象就是纵容我们的上级。职场中，好多人对上级无原则地一味"纵容"，上级说什么就是什么，吩咐干什么就干什么，有些人甚至为了讨得上级的欢心而放弃自己做人的原则或自尊。没有原则地纵容上级，不仅会给我们自己造成伤害，影响我们的心理健康和职业前途，而且也会对上级造成不利影响，给单位和社会造成不必要的损失。

我们还是应该尽到一名下属的职责，在工作方面尽力配合上级，尽可能减少工作上的失职。毕竟，人也有眼高手低的时候，上级也有迷糊的可能，一个好下属就是在上级迷糊的时候为他放放哨、站站岗。金无足赤，人无完人，在市场经济的惊涛骇浪中，局面瞬息万变，上级再英明，也不可能一贯正确。每一个下属都有必要主动为上级尽到责任，多一个标准，多一层保险，保障与上级共同所乘的这条大船顺利航行。

我们要敢于给上级纠错。给上级纠错并不是件容易的事，上下级之间那条无形的鸿沟还是时时提醒我们上下有别。但只要我们做下属的出发点是好的，手法运用巧妙，还是可以游刃有余的。关键是，既要维护上级的尊严，又要纠正他的偏差。我们绝不能看着上级的错误，采取纵容的态度。古代有

"文死谏，武死战"的精神，这一点我们应该学习古人，有些气节。现在职场中的气节太少了，因此也就是物以稀为贵。

某上级头脑过热，要为一家民营公司做经济担保。一位业务能力强、胆大心细的下属分析了这家公司近几年的项目，断定其亏损严重。所以，他就据理力争，极力反对上级为这家公司做担保，搞得上级很不高兴。这时，摆在他面前的路只有两条，要么"纵容"上级，让上级承担巨大的风险；要么阻止上级，让上级对自己不满甚至砸掉饭碗。他深思熟虑，终于选择了后者，但他没有在单位办公会上公开反对，而是单独和上级推心置腹地长谈，给他分析市场，并且表示自己可以承担一切后果，包括放弃各项福利，以及引咎辞职。他的"死谏"引起了上级的思考和斟酌，决定先观望一下。果然不久，他们就听到消息，另外一家为其提供担保的单位被连带告上法庭，承担了近百万元的经济赔偿。

这位下属的确是一位很明智的职场专业人士，他非常明确什么时候该坚持原则，不去纵容他的上级或老板，一切以整体利益为重，不去过多地考虑自己个人的得失。自然，这样的下属最终都会得到上级或者老板的认可，并被委以重任。

纵容上级，我们也许会获得一时的好处，但是从长远来看，这无论是对我们的职业发展，还是对单位甚至对社会的利益都是一种伤害，是一种没有责任感的做法。

事实上，好多人的纵容行为最后都会伤及自身。比如面对客户或上级的一些过分要求，我们也答应下来，如此一来，哪有不惯出毛病来的道理。客户要求我们多配送一些赠品，我们可以说明这是上级特批，只限这一次。这样，下次客户再找我们或者上级时，就可以说单位已经停止赠品的配送了，如果需要，必须付费，我们可以代买。这就正常了，不然的话，就变成我们的义务了，就是我们纵容客户导致的结果。

不管我们纵容自己还是纵容上级，实质上我们都是在犯错误，对自己的纵容让我们把缺点当成优点；对上级的纵容让上级在不公正、自私、武断的决策上更加放纵。我们纵容上级在错误的道路上越走越远时，上级的错误行为也深深地影响到我们自己的职业前途。"树倒猢狲散"的道理大家都清楚，"一朝天子一朝臣"的道理更是职场残酷的写照。我们既然跟着上级前进，就要承担起做下属的责任，即使最自负的上级看到无比忠诚于自己的下属也会动心思考虑问题的。

我们应该时时检查自己，时时克制纵容自己的行为，增强自律性。自律往往和我们不愿做或懒于去做，但却不得不做的事情相联系。"律"既然是规范，当然是因为有行为越出这个规范才会进行。人们往往会遇到一些让自己讨厌或使行动受阻挠的事情，而在这种情况下，就应该克服对情绪的干扰，接受考验。自律的方式，一般来说有两种：一是去做应该做而不愿或不想做的事情；二是不做不能做、不应做而自己想做的事情。比如，上级的错误，我们看到了，为了不被上级反感，就不指出来，这就属于前者；后者的表现也较多，比如，客户给的回扣，拿了是不对的，这是以牺牲单位利益换来的。

一般情况下，纵容和意志是紧密相连的，意志薄弱者，纵容行为就多；意志顽强者，纵容行为就少。加强自律也就是磨炼意志的过程。我们要严格要求自己，对自己和上级认真负责，我们的负责显现出了一份关爱，这份关爱让我们的上级能够心悦诚服地认识到自己的错误，促使自己改变、进步。多一份责任，少一分纵容，真心地指出上级的缺点，真心地希望他改正，真心地祝愿他成功，上级成功的同时，我们也就成功了。

——— 法则 17：自我批评 ———

你了解自我批评在工作中的重要性吗？一般情况下，我们很少用到自我批评，尤其是在职场中，人人都盲目追求所谓的自信，视自己的缺点而不见，一味地上纲上线，实在是自欺欺人。如果我们的见解确实是正确的，就要试着温和地、有技巧地让上级同意我们；而如果我们错了，就要迅速、热诚地道歉，这要比为自己争辩或不正视错误有效和有趣得多。

假如我们知道势必要受到上级责备，抢先一步，自己批评自己岂不好得多？听自己的批评，不比忍受上级的斥责容易得多吗？上级也会因为我们诚恳的态度对我们的错误从轻发落。有些人却不是这样，错误发生了，想到的第一个念头是掩盖问题。第二个念头就是自我宽恕，嘴里说着"相信自己，我是最好的"。第三个念头就是"死猪不怕开水烫"。上级追问的时候，还会

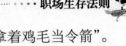

怪罪上级吹毛求疵，一点儿小错误就抓住不放，真是"拿着鸡毛当令箭"。遇到这样的下属，哪个上级能不生气？有错误不要紧，要有一个认识错误和改正错误的态度。下属自己就原谅自己了，还要上级做什么？

我们将上级想批评我们的话自己说出来，而且是在他有机会说话以前说出来，我们先把自己的错误反省了一遍，找到发生错误的原因，让上级知道我们认错的态度和改正的方法。这样，他就会采取宽容、原谅的态度，减轻对我们的惩罚。很多人都会尽力为他的错误辩护，而且很多人也是这样做的，但承认自己的错误，会使我们与众不同。我们敢于开展自我批评，敢于指出自己的缺点，这是对自己工作的客观评价，有些上级有时更喜欢这样与众不同、正视自己错误的员工！

自我批评并非耻辱，而是真挚诚恳的表现。我们的上级有时候也会用到自我批评，对自己指挥失误给下属带来的不便进行深入剖析，找出失误发生的根源，让下属原谅自己工作的不足之处，目的是为营造良好的团队气氛，增强大家的斗志。那么，我们为什么不能向上级学习？真正的自我批评意味着我们很在乎自己工作中应该承担的责任、很在乎和所有同事彼此之间的关系、很在乎上级对我们的期望，这是传递着希望工作表现更上一层楼、与团队共同进步的良好信息。承认自己不对，心里会很难受，做起来更不容易。不过一旦面对现实，不再倔犟，便会发现认错对于冰释前嫌和恢复感情确有奇效。

当然，自我批评也是在向上级道歉，要堂堂正正，不必奴颜婢膝。我们想把错误纠正，这是值得尊敬的事情。须知，伟人有时也会道歉。丘吉尔起初对杜鲁门的印象很坏，但后来他告诉杜鲁门说，我以前低估了你。他这是以赞美的方式做出的自我批评。自我批评不丢人，反而会提升我们的职业形象。

当我们在职场中遇到挫折或失败的时候，我们总喜欢从外界找借口为自己开脱。比如说竞争太激烈、大幅度裁员等，而很少会仔细地审视一下我们自己。我们总认为小错误每个人都会犯，工作中的小失误不可避免，并不是什么大事情，然而，实际上正是这些原因让上级下定决心辞退我们。发现自己的不足或者错误，不要觉得无所谓，一次深刻的自我批评会让自己提起精神来，认真地对待工作。

应该自我批评时，就马上自我批评，耽搁越久就越难启齿，有时甚至追悔莫及。当然，我们如果没有错，也不必为了息事宁人而自我批评。如果我们认为有必要向上级开展自我批评，就应该立刻行动起来，发个短消息，打个电话，或者去上级的办公室有所表示。总之，我们要向上级表达出我们工作的失误或者我们鲁莽的言行。不要让问题发展成不可调和的矛盾，到那个时候，再做自我批评恐怕也无济于事了。

—— 法则 18：不搞小帮派 ——

我们的职场生涯都是从最开始的懵懂无知，到慢慢熟悉，最后到游刃有余。职场的历练让我们懂得了许多人生的道理，这其中就有职场常见的拉帮结伙现象。有些国企单位、机关团体中拉帮结伙现象更为严重，各个帮派或者说是各个利益团伙间冲突也很多。人们都是喜欢热闹的，喜欢有个投机的朋友在身边，随时宣泄一下心中的不快。在职场里，由于我们与几位同事合作比较密切，又比较谈得来，于是几个人便经常聚在一起。工作中谈笑风生，把其他人排斥在外，工作之余也是交往频繁，互相走动。久而久之，情谊越来越深，工作上开始为几个人的共同利益考虑，把集体的利益放在一边，甚至为了小帮派的事而违反公司的规章制度。这样，在上级和其他同事的眼中，就形成了一个小帮派。

初入职场的人有些很不幸地站错了位置，以为遇到几个哥们或几个姐们就会互相帮助。平日里该说不该说的话都说过，有时候还合起伙来蒙骗上级，弄虚作假。这些损人利己的小事做得游刃有余，看似这个小帮派很团结，然而一旦出现利益之争，就会顷刻间土崩瓦解。事实证明，许多新人只是他们手中的一杆枪而已，真遇到事的时候，大家都扔下枪跑得远远的。等新人明白过味儿、醒过神的时候已经晚了，上级的震怒、上级的惩罚，使职场新人一时间孤立于各个帮派之间，成为众同事挤压的对象。从此以后，每天只能忙于自己手头的那些工作，单位里的各样好事开始远离，荣誉开始无缘，每年的先进个人也无望，每年的出差旅游没有机会，最悲惨的是薪资待遇不见增长。

所以，在工作中我们一定要注意，避免加入已经形成的小帮派。有的上级也会依靠某些小帮派来达到自己控制其他小帮派的目的，这是一种权力制衡。我们应该明白，和任何一个小帮派站在一起，都不如和上级直接站在一起。我们是上级直接指挥的力量，我们应该尊重并服从上级的领导。

　　和某些同事走得很近，我们可能还在为自己的好人缘而高兴。殊不知，我们的行为此时已经使上级感到特别不舒服了。只要仔细观察一下，就能发现上级都不喜欢那些搞小帮派的人。小帮派里的人应酬较多，私人事务也增多了，很难抽时间加班或学习专业技能。如果在一个办公室，他们可能会在上班时间聚在办公室聊天，或者一致对付他们看着不顺眼的其他员工。如果上级的工作安排让他们的工作量加大，还会联合起来抗衡上级，尤其是对待新上任、地位还不稳定的上级。小帮派的实力发展到一定程度时，甚至连上级都不放在眼中，公然抗命，故意制造工作困难，想尽一切办法挤走上级。有的上级控制不住局面，还真有被架空的危险。但是，这种情况还是比较少见的，大多数上级都会采取强硬措施，宁可另起炉灶，也不会向小帮派屈服。

　　如果我们与他们走得太近，可能就会受到牵连，我们必须从小帮派中退出来，否则，一旦上级把我们当成小帮派的一员打入黑名单，我们就会得不偿失。因为上级对小帮派总有不信任感，对小帮派里的人，会有很多顾虑。他会认为小帮派里的员工公私难分，如果提拔了圈内的某个人，而与之关系好的"哥儿们"可能会得到偏爱、放纵，对单位的发展不利，对其他员工也不公平。另外，上级会担心小帮派里的人不忠诚，经常聚在一起的人脾气相投，若上级批评其中的某个人，其他同事就会联合起来对付上级，影响团结。再说，即使上级想单独给其中某个人嘉奖或发红包，这个人很可能泄露给圈内的同事，因为红包不是每个人都有的，其他同事知道后，会认为上级不公平。

　　当然，不搞小帮派并不是反对我们与人交往，而是要我们在单位里建立起正常、和谐的人际关系。一般，我们要注意以下几点：

　　● 公私分明。与同事相处，特别要注意公私分明，不要相信职场友谊，不能因为跟谁关系好而在公事上带有感情。即使关系好的几个人同在一个办公室，上班时间也要公事公办，不要经常黏在一起聊天说闲话。

　　● 团结为重。当我们因工作上的事受到上级的批评后，不管上级是对是错，都不能因一时之气与关系较好的人煽风点火，联合起来对抗上级。而要把团结放在第一位，尽量缓解与上级之间的紧张气氛。与上级搞好关系的方法前面提到了许多，请大家参考一下。

● 扩大交际范围。在公司里，我们不要把自己的交往对象只限定于三五个同事，而应与公司的所有员工都建立起良好的关系，乐于帮助他们，倾听他们的心声。这样，我们就不会被别人误以为在搞小帮派了。

● 经常与上级互动。把我们的想法和建议多和上级说说，要说那些积极向上的，不要讲同事之间的纠纷和不足，心态阳光一些，给上级留下好印象，向上级靠拢。

处理好人际关系，可以提升我们在单位里的名望和地位，吸引上级的目光，为上级提拔、重用我们打下坚实的基础，为我们的职业前途铺平道路。我们不属于任何一个小帮派，也不会在提升后搞"鸡犬升天"的事。因此，其他同事的舆论和戒备心理都会趋于正常，甚至还会支持我们。远离了小帮派，也会让我们远离很多是非。

——— 法则 19：注意小动作 ———

职场的日常表现无小事，一个小动作、小习惯，就可以让我们在上级心目中的形象一落千丈。我们在工作之外，可以彻底放松自己戒备的心理，懒洋洋地过个晚上或者周末，但是在职场中，尤其是在上级面前一定要注意我们的个人形象，不要把生活中的一些不良习惯带到工作中来。有的人常常忽视这些小动作，以为这无可厚非。其实这种看法是错误的，很多时候，一些被我们忽视的小动作会让上级发现我们的另一面。

十月革命前夕，列宁看到一个同志的纽扣掉了，几天过后，那个纽扣还在那个同志的口袋里没有钉上。列宁就觉得这个同志做事情不认真、不适合担当重任。不久，一个重要的任务需要完成，列宁身边只剩下这个同志，在这个同志不断请求下，列宁才把任务交给他，并再三嘱咐其注意事项。然而事情的结局却是，这位同志果然因为不认真导致任务失败。列宁在回想起这件事时，一再后悔没有坚持自己的看法，致使任务失败。

小动作能体现出一个人对待生活和工作的态度，不良生活习惯的小动作可能成为上级反感我们的大障碍。因此，我们如果有下列这些不好的动作，一定要戒除。

　　● 在上级面前掏耳和挖鼻。有些下属听上级说话很用心，但是下意识的动作却很令上级反感。听候上级指示的过程中，用手指不停地掏耳朵或者挖鼻孔。最难忍受的是在餐厅，大家正在饮茶、吃东西的时候，这两个小动作往往令旁观者感到恶心，实在不雅，这是非常不尊重上级的一种表现。

　　● 在上级面前打呵欠。当我们和上级在一起谈话的时候，尤其是当上级兴致勃勃的时候，我们呵欠连天，上级会怎么想，他会很快结束话题，让我们离开，下次召见不知道等到哪一天了。打呵欠在社交场合中给人的印象是：表现出来不耐烦，而不是疲倦。在与上级交谈时打呵欠会引起上级的不快，所以一定要控制自己。

　　● 剔牙。我们与上级一起出席宴会或者招待客人时，谁也免不了会有剔牙的小动作，既然小动作不能避免，就得注意剔牙时不要露出牙齿，不要把碎屑乱吐一番，不然则是失礼的事情。假如我们需要剔牙，最好用左手掩住嘴，头略向一侧偏，吐出碎屑时用面巾纸包住，不要随意抖落在餐桌上。

　　● 抖动腿脚。这种腿部的小动作多发生在坐着的时候，站立时较为少见。这种小动作，虽然无伤大雅，但由于腿部或者脚尖颤动不停，令上级的视线觉得不舒服，而且也给人有情绪不安定的感觉，这也是失礼的表现。同样，在上级面前跷起二郎腿也是不尊重上级的表现。

　　● 指甲不清洁。女士将指甲涂得五颜六色，或者留着长长的指甲都是失礼的表现。留长指甲可能是一种癖好，现在有些男士也留长指甲，让人感觉不伦不类。有些人还疏于修剪，而且也疏于清理指甲内的污垢，当和客人握手、取烟、用筷子时，指甲污垢赫然在目，实在不雅。邋遢的生活必然影响到工作的认真程度。

　　● 频频看手表。假如我们没有其他的工作安排，又不是忙人，当我们和上级攀谈时，最好少看自己的手表。这样的小动作会使上级认为我们还有什么重要的事情，或者认为我们对目前的谈话急于结束，引起上级的误会，上级没有耐心再谈下去。

　　● 以"喂"喊上级。给上级打电话时，我们为了验证线路是否接通，都会"喂"一声，待上级也"喂"之后，我们才喊上级的称呼或者问候语，然后再说下去。这种做法就有失礼貌了，不要忽略这个细节，一声"喂"极有可能引起上级不满。我们应该先以姓和职位称呼上级，如果上级没有回应，可以重复几次。

● 吃喝时的声音。和上级在一起，不拘小节，无论吃什么、喝什么都弄出用餐的响声来，活似一个"饿死鬼"。如果小口吃、慢些用，这种难听的声音就没有了，上级也会经常带着我们出席宴会，见识一些大的社交场合了。

● 清嗓子的声音。清嗓子，意味着嗓子里面有痰。让人听到了，很可能产生恶心感。故此，最好别当着上级的面这样做，尤其是不可半途而废，即清了半天，又把清出来的东西咽下去了。那样做，上级有再好的兴趣也说不下去了。

● 咳嗽、打喷嚏、吐痰的声音。这些声音，常常与浓痰、飞沫相伴而生，而且还意味着当事人身体欠安。当着上级这样，上级定会暗自抱怨我们不为上级着想，到处散布有害细菌。与上级交谈，实在忍不住要咳嗽或打喷嚏，应及时用手帕或纸巾掩住嘴巴，以防唾沫乱飞。需要吐痰，应找到痰盂再吐，切勿随地乱吐。

● 吸鼻涕、擤鼻涕的声音。感冒着凉了，或是患有鼻炎，常常会流鼻涕。然而在上级面前吸鼻涕、擤鼻涕及其所发出的刺耳声音，都让人生厌。

● 肠蠕动、排气的声音。此种声音按说难以听到，因为有涵养的成年人是不会"窗户里吹喇叭——鸣声（名声）在外的"。但是有些人却不检点，他们在上级面前不敢出声，便来一个"消音"，让上级听不见，却闻得到，尤其是众同事都在场的情况下，不只引起公愤，还会使众人有口难辩、相互猜忌。

小动作会演变为不良习惯，小动作会让我们"原形毕露"，不要忽视细节，我们要做生活中和工作中有品位的人，不要将小小的恶习呈现在上级的眼皮底下。有句古话说得非常好："勿以恶小而为之，勿以善小而不为。"当我们明白了这个道理，就可以避开损毁自己个人形象的行为，树立优雅的职业形象。

法则 20：游戏规则

如今的职场上，规则无处不在，这些规则可能没有明文规定，也没有人对我们刻意提示，但这是我们必须严格遵守的。如果不加注意，打乱了这些职场规则，就有可能得罪我们的上级，发展前途将会受到严重影响。

职场中这些规矩本不应该存在，但是却偏偏存在，我们称为"潜规则"也好，称为"游戏规则"也罢，既然存在，就一定有存在的理由。职场的工作像任何其他游戏一样，既有大家约定的输赢规则，也有心照不宣、投机取巧获胜的方法。每一个单位都有自己的特殊规则，有的是明文规定的，有的是不成文、但是却在单位内畅通无阻的做事方法。

我们不要做职场的"土老帽"，我们都是有职业前景规划的"有道之人"。我们只有了解公司的这种"游戏规则"，才能在里面游刃有余，很快地得到上级或者老板的赏识、同事的认可。如果我们不懂这些规则，则非常难以在职场中得到晋升。

自从我们大量引进西方发达国家的管理模式后，现今的单位往往要求员工用团队精神来分配工作，以期在短时间内完成目标，所以身为新进人员要去学习并遵循单位内部的明文规定。首先应该熟悉组织中明确的规章制度。例如，工作时段是否有休息时间，有没有规定穿着怎样的服饰，有什么样的加班制度……

规章制度是单位基本的运作规则，如果我们不了解这些制度，在工作中经常违反制度，那肯定是不行的。上级就会对我们没什么好印象，觉得我们是一个不合格的员工。这类规则都是名正言顺、广而告之的，违反了就会受到处罚，这些大家都能接受。

然而，职场有些不合理的现象，没有违反规章制度，却受到上级的处罚，这又是为什么？我们必须给自己补上一课，就是认真了解单位中各种不成文的规则，不同的单位，游戏规则也不同。例如，这个机关整体的管理风格是什么样？上级的个人喜好和忌讳是什么？上级喜欢什么样的下属？上级的背景如何？单位中谁对上级的决策有无形的影响力？怎样才能融入上级管理风格中去……这些都是我们应该了解的。

有的上级鼓励下属提出问题与创新，这时我们就要细心发现新问题、新情况，提出来和上级共同讨论。但有的上级行为比较严谨，希望下属本分地做好自己的事情就行了，这时如果我们太过冒尖，经常提出各种各样的问题会被上级看作爱出风头，有"造反"的倾向。有的上级喜欢下属尊自己为老师，如果下属能力太强就可能吃不开。有的上级强调下属要有主见，要充分张扬自己的个性。有的上级很注重个人的形象、在公众场合的礼仪等，如果我们很不注意小节，邋邋遢遢，那么上级对我们就不会有好印象。做下属的应该适当了解上级的生活习惯、处事作风，然后加以巧妙周旋。有的上级喜欢受到下属的认可，这时应该多附和上级的各种决策，不时向他说几句赞赏的话，让上级觉得我们很拥护他。

也就是说，我们在单位中的行为，要与整体的风格和环境基本保持一致。上级最需要的人不一定是最有能力的人，每个上级需要的人，包括两类，一类是能干活的，一类是忠诚于他的。如果只能干活，看不出对上级的忠诚、放心，没有晋升的机会，唯一的机会就是继续干活，成为老黄牛。如果只有忠诚而没有很强的业务能力，没关系，总有一天会升上去，因为忠诚比能力更稀缺。如果下属很能干，干得还非常好，说明下属胜任这个位置，既然没有人能比这个下属更胜任这个位置，上级怎么舍得让下属高升？提升了他，还能像过去那么能干吗？这可不敢担保。

对于我们来说，多注意一些细节是很必要的。当我们熟悉了这些游戏规则后，在职场中生存就容易多了。职场是残酷的，某些时候甚至是黑暗的，要想在其中生存发展，必须深刻解读它的游戏规则。规则是一种制度，潜规则是一种游戏。遵守制度的人，只能被人领导。而读懂游戏规则的人才能活得自由自在，甚至能领导别人。职场是人生的演绎，所以无论我们是职场新人，还是有一官半职；无论我们是外企白领，还是国家公务员，都是职场这段人生的主角。有些规则，知道总比不知道好，因为这就是生活。我们无法以身试险，遍尝所有的潜规则。我们要做到的是快速成长。通过不断地磨合学习，结合自己的经历与观察，让隐性的游戏规则了然于胸；然后，有技巧性地去战斗、去奋斗、去成功。

规则是可以灵活运用的，与上级沟通的艺术，我们探讨了这么多，大家不要死记硬背，而要活学活用。我们要主动创新，用我们自己能掌控的方式构建自己的职场人脉，为自己的事业插上腾飞的翅膀。工作本身就是一门艺术，上级又是这门艺术的带头人，要想事业顺畅，我们就应该用心琢磨上级的方方面面，艺术地与上级进行沟通。